介入のとき　コフィ・アナン回顧録

【上】

INTERVENTIONS
A Life in War and Peace

介入のとき

コフィ・アナン回顧録

【上】

コフィ・アナン
ネイダー・ムザヴィザドゥ
白戸 純＝訳

KOFI ANNAN
with Nader Mousavizadeh

岩 波 書 店

INTERVENTIONS
A Life in War and Peace
by Kofi Annan
with Nader Mousavizadeh

First published 2012
by The Penguin Press,
a member of Penguin Group (USA) Inc., New York.

This Japanese edition published 2016
by Iwanami Shoten, Publishers, Tokyo
by arrangement with Kofi A. Annan
c/o The Wylie Agency (UK) Ltd., London
through The Sakai Agency, Tokyo.

本書を妻でありパートナーのナーネ、娘のアマ、息子のコジョ、そして継子のニナに捧げる。

彼らの愛、忍耐そしてサポートにいつも感謝している。

まえがき

グローバル・コミュニティとは何を意味しているのだろうか。統合と分裂を同時に経験する世界共通の運命に対し、われわれにはどのような責任があるのか、そしてどのようにその責任を果たすことができるのか。成長と開発、平等と機会、人権と安全保障——それぞれをうまくつりあわせるにはどうすればいいのか。七〇年近く前に、二度と世界戦争を起こさないためにサンフランシスコで創設された国際連合は、国家やイデオロギーの枠をこえたグローバリゼーションやテクノロジーの力によって世界が転換するなかにおいて、今も意義ある存在なのだろうか。

現在、われわれは一九四五年の国連創設当時と同じくらい重要な地球規模での再編成の岐路にある。過去四半世紀、アジア、アフリカ、ラテンアメリカで、何億もの人びとが貧困からの目覚ましい脱出を果たした一方で、戦争、テロ、大量破壊兵器の災厄はいまだに存在している。変化したことと言えば、世界中で教育によって個人の力が増してきたことだ。彼らは自由な環境で良い暮らしをおくる期待を高め、統治の形と指導者について要求するようになった。タハリール広場、シリコンバレー、成都からジュバまで、力を付けた個人は、人間の尊厳を前進させようと、これまでにない機会を作りだしている。同時にこの変化は既存の権力中枢――大統領宮殿から企業重役室まで――にも挑戦し、全ての公正な社会の健全な発展にとって必要な条件である公衆の信頼を裏切る行為を改めようとしている。

四〇年にわたる国連勤務において、私はひたむきで才能のある外交官や開発専門家、人道援助従事者とともに働く栄誉に浴した。彼らはこの問題の克服が最も重要だと信じていた。簡単なことばかりではなかった。苦痛を軽減し、紛争を停止させることに成功する一方で、多くの犠牲が払われる前にそうすることができずに、無力を感じることもあった。初の国連出身の事務総長として、私は就任時に、国連の限界については痛いほど理解していたが、逆流を前に簡単にあきらめてはいけないとも決意していた。国連はより良い活動ができるし、そして国連憲章が仕えるべき世界の人びとの名の下でそうしなくてはならないのだと。

私は、ＨＩＶ／エイズとの戦い、女子教育、アフリカの開発からインド洋の津波への対応などの多様な問題にむけて変化を起こす行動を試みた。そして、人権擁護と法の支配を推進し、主権は権利と責任両方についての問題だと主張した。私は傍観者ではなく行動を起こす国連、二一世紀の課題に対してひるむのではなく応えていく国連、国家の利益を擁護するよりもさらに大きな目的に導かれる国連をつくろうとしたのである。

介入の軌跡をたどることで、私が国際社会を取り巻く主要な挑戦に対して、どのように対峙したかを評価する指針を示そうとした。またこれは、次のような私の確信を反映している。つまり、人道的介入は、ジェノサイドや重大な人権侵害に対応するためには道徳的かつ戦略的に避けられない手段であるが、イラクの例にみられるように、狭い目的のために、国際的な正統性も結果についての見通しもないまま行われる軍事行動は、対象となっている邪悪と同じくらい破壊的になりうる、というものである。世界の潮流となりつつある「保護する責任」とは基本的人権を保護するための普遍的原則の中に萌芽を見つけたものであり、平和の名目で戦争を始めるためのライセンスではないのだ。

本書は私がジュネーブの世界保健機関(WHO)に職を得てから五〇年目に出版される。この半世紀、国連はその創設者が抱いた最も崇高な目的のいくつかにおいて、特筆すべき進歩を遂げたが、人間の残虐性を示す最悪の例となるような失敗や失望にも直面した。事務総長として、私は国連が仕えるべきである人びとにもっと近づき、全ての人びととの安全保障、開発、保健そして人権への希望を叶えることを、国連のあらゆる活動の中心に据えた。国連をそれまでの形態から、よりいっそう統一された世界——全ての国やコミュニティ、信仰、そして組織が地球市民としての責任を奉ずる場所——へと変えるために、NGO、ビジネス界、そして全ての大陸の市民という、新しい構成員たちと接触した。

本書は、私が事務総長として対峙した最も重大な危機や問題のいくつかを通して見た私の仕事《ミッション》の物語である。こうした試練がどのように国際社会に影響したかについても述べている。どの危機や問題を取り上げるかについて判断するにあたっては、近年の国際情勢を最も色濃く反映し、今後国家と人びとに降りかかるであろう脅威に対応するために良い教訓となる事例を選んだ。しかしながら、本書は時系列に沿っていない部分もあり、また国連の課題の全てを網羅的に扱ったわけでもない。むしろ、過去二〇年における紛争と危機の真っただ中で、世界のリーダーたちとどのように関わったかを描くことで、私の任期中の主要なテーマについて触れるようにした。

これは私の国連への奉職と、国際社会における主要な外交、開発、人道に関する挑戦と取り組みについての私的な記録である。この非常にやりがいのあり困難な道程において、妻のナーネは常に疲れを知らぬ同行者であった。世界各地を訪問するにあたり、ナーネは学校、難民キャンプ、HIV／エイズとともに生きる人びとを訪問し、最も脆弱な人びとのニーズに沿った活動の基盤を提示するとともに、女性のエンパワーメントに関する国連の活動をサポートした。私がリーダーとなる栄誉に浴したチームのプロフェッショナリズムや創意性、忠誠心なしに、私は四〇年にわたる国連における活動で成果をあげることはできなかっただろう。あらゆる国連機関と部署で勤務したキャリアを通じて、私は世界のあらゆる場所から来た、極めて献身的な国際公務員や外交官と働く幸運に恵まれた。

本書に多大な貢献をしてくれた人びとに、特別の謝意を表したい。PKO局長から事務総長に就任するにあたり、私は親密な補佐官からなる小さなグループを連れて行った。官房長のイクバル・リザは、事務総長として対応した全ての重要な挑戦と成功に際して、最も信頼できる親友であった。一〇年余にわたって、われわれの課題を克服するにあたり、私はワガイェ・アッサベ、タサ・デレンダ、フレッド・エックハート、エリザベス・リンデンマイヤー、ラミン・シセ、そしてシャシ・タルールからなる、きわめて優秀で献身的なチームに助けられた。

事務総長として、国連の使命にいつも手を差し伸べてくれた経験豊かな驚くべき理想主義的な人びとのリーダーとしての手腕に呼びかける栄誉に浴した。K・Y・アモアコ、ヘディ・アンナビ、ルイーズ・アルブール、アリシア・バルセナ、イブ・ベルトレ、ラフダール・ブラヒミ、サミー・ブオ、パトリッツィオ・チビリ、ジョセフ・コナー、ハンス・コレル、アントニオ・マリア・コスタ、ロバート・ダン、アルバロ・デソト、ニティン・デサイ、マイケル・ドイル、ヤン・エグランド、イブラヒム・ファル、アフメド・ファウジ、ルイーズ・フレシェット、イブラヒム・ガンバリ、ヴィクター・グベホ、ジャン＝マリー・グエヘンノ、J・P・ハルプワッフ、ピーター・ハンセン、パトリック・ヘイフォード、ノエリーン・ヘイザー、アブドゥリ・ジャネ、ブルース・ジョーンズ、ソレン・イェンセン＝ピーターセン、トゥリアメニ・カロモ、ゲオルク・ケル、アンジェラ・キング、ロルフ・クヌートソン、スティーブン・ルイス、カルロス・ロペス、レイチェル・マヤーニャ、ハイレ・メンケリオス、ニコラ・ミシェル、ベルナール・ミエ、マイケル・モラー、エドワード・モーティマー、ネイダー・ムザヴィザドゥ、ホセ・アントニオ・オカンポ、ヒシャム・オマイヤド、ロバート・オール、キーラン・プレンダーガスト、テリー・ロード＝ラーセン、ヘルト・ローゼンタール、ジョン・ラギー、ウォーレン・サック、ジェフリー・サックス、モハメド・サヌーン、スティーブン・ステッドマン、ジリアン・ソレンセン、ダニロ・テュルク、セルジオ・ヴィエラ＝デ＝メロ、マルガレータ・ウォールシュトロム、ナディア・ユヌスそしてラルフ・ザックリン。国連機関とプログラム、その他の組織の長とは、全ての戦いで前線をともにした。キャロル・ベラミー、カトリーヌ・ベルティーニ、ハンス・ブリックス、マーク・マーロック・ブラウン、グロ・ハーレム＝ブルントラント、ミシェル・カムデス、ジャック・ディウフ、モハメド・エルバラダイ、ソラヤ・オバイド、緒方貞子、ピーター・ピオット、メアリー・ロビンソン、ナフィス・サディク、フアン・ソマビア、ガス・スペット、アンナ・ティバイジュカ、クラウス・トプファー、ハンス・ファン・キンクルそしてジェームス・ウォルフェンソン。皆、われわれの目的を刷新するために重要な役割を果たした。

彼らの多くは、寛大にも本書の原稿の一部あるいは全てを読むことに時間を割いてくれた。コメントと洞察に深く感謝したい。

私の回想を、二一世紀におけるグローバルな統治手法の理念と実践というより大きな文脈に乗せるにあたり、私はネイダー・ムザヴィザドゥに、国際情勢の発展しつつある構造についての彼の驚くべき理解の深さをもって、本書の執筆協力を依頼した。

長期間に及び、かつ多岐にわたる世界的な諸問題についての本を執筆するには、沢山の人の協力が必要であった。多くの友人と協力者からの支援と励ましに恵まれた。才気縦横で知識豊富な若い研究者、ロンドン・キングス・カレッジ戦争研究所のトム・ヒルの名前を特に挙げたい。彼の協力なしには本書は完成しなかった。トムはリサーチに長時間を捧げ、本書の全ての側面に貢献してくれた。マッツ・ベルダルは国連平和維持活動の危機と可能性についての比類なき洞察を、ロバート・ダンはアラブ・イスラエル紛争とその中東全体への影響について深淵な知識を提供してくれた。サイモン・チェスターマンはグローバルガバナンスと法の支配についての貴重な洞察を提供してくれた。アンソニー・アッピアとクワメ・ピアニムはガーナ時代についての章について、非常にありがたいコメントをしてくれた。

最後になるが、二人の非常に優秀な出版関係者にも恵まれた。われわれのエージェント、アンドリュー・ワイリーと編集者アン・ゴッドフである。この複雑で過酷なプロセスにおいて、二人は忍耐強く、細部に注意しながら、文章上の鋭い判断を提供してくれた。彼らのサポートを得ることができる著者は実に幸運である。本書の中の間違いや不正確な点は、もちろん、著者の責任である。

本書が、世界を転換しうる力、紛争の痛ましい犠牲、貧困と疾病と戦う地球規模の協力といういまだに大きな約束について、あらゆる世代の読者の理解を深める一助となることを深く望む。何よりも、全ての国の人びとが個々の生活において他者を助け、どこであろうと不正義と不平等に対して立ち上がることができる――いいかえれば介入する――だけの尊厳と機会を持つことのできる場所に、この世界がなることを望む。詩人はこう言っている。

「行動すれば、明日にはわれわれは今日よりさらに先にいる」。

アクラ、ジュネーブにて
コフィ・アナン

二〇一二年五月

目　次

下　巻

序章

ピースキーパー、ピースメーカー

コリン・パウエルはイラクの大量破壊兵器をめぐる戦争において，
米国の立場を貫くために，自らの威信と名望を駆使した．
パウエルの高潔さと祖国への深い責任感を私は常に尊敬した．
（国連写真部／Eskinder Debebe）

「コフィ、私の潔白が証明されましたよ」。

満面の笑みをたたえて、コリン・パウエルが言った。彼が安堵し、かつ疲弊しているのは明白だった。私はこの友と一緒に微笑み、安堵を分かちあわずにはいられなかった。米国国務長官であるパウエルは、米国のイラク侵攻六週間後に、ニューヨークで私を訪問したいと申し入れ、いつもの自信に満ちた様子で、補佐官も米国大使も連れずに国連本部の事務総長室に一人で現れた。この男の打たれ強さには、感服するほかない。自分が支持しない戦争を起こすために、どれほど耐えなければならなかったか。「移動式ラボが発見されました。公式発表の準備はできていませんが、明日にはメディアで報道されるでしょう」。駐イラク米軍は、大量破壊兵器製造用の移動式ラボと思われるものを発見した。パウエルは今回こそは本物だと語気強かった。戦争は正当化された。大義名分は果たされた、と。

パウエルの真摯さを疑っていたわけではないが、実のところ、それが、駐イラク米軍がますます必死になって探している大量破壊兵器の確たる証拠とは思えなかった。私は同じような場面に、まさにその半年前に居合わせた。米国国連大使のジョン・ネグロポンテが、米国が集めてきたサダム・フセインの違法武器プログラムの証拠をお見せしたいので、内々でお会いできないかと依頼してきたときである。

ネグロポンテと、同行のＣＩＡ高官が次々と写真を提示し、厳粛なトーンで証拠の重要性を説明するにつれ、好ましくない状況が浮き上がってきた。これはみな状況証拠にすぎない。あるビルの一九九七年の画像、その二年後の米国のバグダッド空爆直後のもの、そして再建され、トラックが出入りしている最近の様子。私の補佐官の一人がつぶやいた。「これらの画像からわかるのは、このビルが建てられ、爆撃され、再建された、というだけのことではないですか。内部になにがあるかはわからない。なにがあってもおかしくない！」。これはネグロポンテが期待していた発言ではなかった。ＣＩＡ高官が静かに写真をしまっている間に、私はいくつか質問を重ねたが、満足のいく回答は得られなかった。

ネグロポンテは、イラクの脅威がいかに切実であるかを私が理解できるようにこの機会を設けたのだが、それはまったく逆の効果しか産まなかった。この会議のあと、私の執務室に引き上げた際、別の補佐官が当惑の声をあげた。「せいぜい状況証拠にすぎないものを、決定的新事実だというのは何故なんでしょう？　彼らはわれわれがそれほど簡単に納得すると思っているのでしょうか。それとも、本当に彼らの手持ちはあれだけで、われわれの基本的な質問をはぐらかしているだけなのでしょうか」。

その答えは、まもなくわかった。

九・一一のあと、米国へのほとばしるような支持が一段落するやいなや、米国とそれ以外の国々の間には、厚いカーテンが下ろされた。多くの米国人にとって、とりわけブッシュ政権にとって、わけてもその二大都市を襲った蛮行の前には、世界が一丸となってはっきりと対応するべきであった。米国、しかし、米国人には衝撃的なことだと思うが、当時世界の大半にとって、世界平和への脅威の源はサダムではなく、怒りと復讐心に燃えた米国だったのだ。悲劇的なことに、混沌と流血のイラク侵攻も、ほとんどこの認識を変えることはなかった。

九・一一が世界を変えたのなら、イラク戦争の結果も同様に衝撃的な意味をもった。サダムの失脚後の歯止めの利かない混乱に怒るアラブ諸国、開戦に向けての過酷な交渉に損ねられた安保理理事国間の信頼、もはや恐れられることも敬意を表されることもない米国の一層の孤立化などだ。イラク侵攻の結果、米国の行動が善意に解釈されることはなくなった。これは私にとっては辛いことだった。国連事務総長として、私はしばしば世界の通訳の役目を負った。米国について世界に説明し、世界について米国に説明する。米国は国連設立にあたり大きな役割をはたし、また設立後数十年にわたって独自の貢献をしてきたが、イラク戦争後、米国はあまりに頻繁に、世界の反応に耳をかそうとせず、米国以外の国々も、米国に対して自らの本心を主張することができずにいた。

イラクでは、侵攻後の混乱で、一〇万人以上の民間人が命を落としていた。国際的には、戦争は関係の破綻と憎悪の深まりという結果を生んでいたが、それだけでなく、主な関係者の誠実さや立場にもダメージを生じさせていた。コリン・パウエルは誰よりも、この打撃を耐え忍ばなければならなかった。ブッシュ政権が彼の能力を搾取し、使い切ったあと、最終的にパウエルは辞任することになる。そしてイラク戦争の結果を誰よりも引きずった指導者はトニー・ブレアだった。

「やあ、ブレア、元気か?」。二〇〇六年七月にサンクト・ペテルブルクで開催されたG8サミットで、ジョージ・W・ブッシュ米国大統領とトニー・ブレア英国首相の仕込みマイクに捉えられたやり取りの記録を読んだ瞬間、私はブレアのことを思った。縮み上がっていたに違いない。ブレアはブッシュに、緊張緩和のためにすぐにでも中東に行く準備はできていると提案した。ブッシュが国務長官のコンドリーザ・ライスもまもなく中東に行くと返答すると、ブレアは自分が先発を務めることができると述べた。録音記録を私に手渡した補佐官は、読み進めるように促した。彼らは私のことを話題にしていたが、それは良い言い方ではなかった。

私がG8サミットに到着したとき、すでにイスラエルとヒズボラの戦争は四日目に入っていた。ヒズボラが、レバノン側からイスラエルの国境沿いの街にロケット砲を発射したのち、国境を越えてイスラエルの警備所を襲撃し、二人の人質を取ったことで戦争が始まった。この結果、イスラエルは、ヒズボラのみならず、レバノン国家とインフラを含む体制全般に対しても大規模な軍事的反撃をおこなった。私は休戦を急ぎ、国際部隊の派遣が恒久的平和の条件であると主張する決意でいた。G8の会場で、プーチン大統領に議題を変更して、発言を許してほしいと依頼したことで、少なくともそこにいた首脳の一人の気分を害したことはわかっている。ブッシュと私は、ほかの首脳の前で――フランス大統領ジャック・シラクだけはセッションの最後になって登場した――張りつめた議論を交わしたが、ブッシュがこれを単純な善悪の問題と考えていることが明らかになった。ブッシュはブレアとさらに率直にやり取りしていた。記録によると、ブッシュはこのように続けた。「やつの休戦案は気に入らない。……アナンの姿勢は基本的に休戦すればすべてかたがつく、だ。……シリアに、ヒズボラを止めさせれば終わることだ。……コフィに言ってやりたいよ。アサドに電話して、なんとかさせろ、と」。

私か誰かが一本電話をかけることで「なんとかなる」ならどんなにかよかっただろう。シリアの孤立を意図する米国の政策の結果、シリア政府と連絡がとれる世界の首脳はごくわずかで、私はその一人だったが、物事を解決するには、単なる会話以上のものが必要だ。シリアと、イスラエルを含む周辺国の複雑な利害関係を考えると、これは狡猾で不信感いっぱいの国の間で3Dチェスをするようなものだった。

実際、レバノンの戦争は、単にレバノン人とイスラエル人を突如見舞った悲劇ではなかった。そのもつれた流血の起源、複雑な地域の事情や国連による慎重な交渉によって達した結論をとってみても、この戦争は世界の秩序と無秩序の強さを反映しており、国連事務総長として私が一〇年の任期〔一九九七年一月―二〇〇六年一二月〕の間に取り組まなくてはいけなかったものだった。長期間にわたる紛争への介入、主権国家の責務と権利、平和維持活動の役割、米国主導の世界における国連の役割、非対称紛争への非政府勢力の参加、国連事務総長がばらばらになりつつある世界を飛び回って行う個人的なシャトル外交。こうした課題は、レバノン戦争において危機的状況に置かれた。それは単純な善と悪の戦いではなかった。

しかし、ブレアのレンズを通してみると、この紛争は、イラク戦争同様に、現代と中世の間の、そして寛容な世俗主義と急進的なイスラムの間のメタレベルの紛争として映った。私はサンクト・ペテルブルクでサミットの前に非公式にブレアと会った。私がG8声明はあいまいで、紛争の現場の状況を変えるには至らないと言ったところ、ブレアは冷静に、問題はイスラエルが今日ではなく、一〇日から二週間の間に停戦に応じるかである、と答えた。「二週間も待つのですか」。私は驚いた表情を作ってみせた。ブレアは停戦合意ができる条件が整っていないとだけ言った。ブレアは変わってしまった。彼が一九九九年に、コソボのアルバニア系住民に対するセルビア政府の攻撃を停止するには人道的介入を行うことが道徳的に必然であると主張したとき、私は強く同意した。国連事務総長として、私は、武力行使には安保理の承認が不可欠であるという立場を厳守する立場にいたが、ブレアの主張は私をその責務から逸脱させた。結果として、私はロシアや中国といった大国との間にしこりを抱えることになった。だがブレアは変わってしまった。そして、この変化は彼がレバノン戦争で信頼に足る仲介役を務めることができるかにも影響するだろう。

私は当初から、イスラエルによる反撃の規模を憂慮していた。もちろん、イスラエルには反撃する権利がある。いかなる国家も、攻撃を受けた場合に自衛の権利を発動することができる。イスラエルへの攻撃は、国際的に認定された国境を越えて行われていた。私自身、イスラエルのエフード・バラク首相との長年にわたる仕事の結果、一八年におよんだイスラエルのレバノン占領を終わらせ、二〇〇〇年にブルーラインとよばれる両国間の国境を画定したのだ。しかし、イスラエルの領土保全のための正当な防衛という命題は、ある目的に向かって急速に動き出した。つまり、生存と反撃の手段をもち、大衆に支持されたゲリラ組織の破壊という、極めて大きくかつ困難な目的である。

攻撃が始まった日、私はライス長官に、イスラエルの軍事行動はすぐに限界に達するだろうという懸念を伝えた。政治的な合意と理解が必要だ、と私は強調した。ヒズボラはレバノン社会に深く浸透し、人びとの長年にわたる苦難を代弁する存在である。ヒズボラを軍事的な手段だけで解体するのは不可能だ。しかしイスラエルのエフード・オルメルト首相に、そのようなオプションはなかった。翌日の電話会談で首相は、イスラエルはヒズボラへの軍事行動を停止する気はまったくなく、むしろ強化する方向である、と述べた。

オルメルトの要求は、基本的には正統なものだった。ヒズボラによって攻撃中に拘束されたイスラエル兵の解放、ヒズボラのイスラエル領からの撤退、国連安保理決議一五五九号に基づく、ヒズボラの完全非武装化である。しかし、戦争という手段を通じてこれらの要求を通すのは無理だった。実際、中東地域でもほかの地域でも、ゲリラ戦の歴史をみると明らかなことだが、最終的に事態の収拾に必要なのは、イスラエルによるヒズボラへの徹底的な軍事攻撃ではなく、交渉に基づく解決だった。

停戦合意のないまま、これらの要求を主張すれば、戦争は泥沼化する。私は戦闘が勃発してすぐにこの結論に達しており、その後三週間にわたって、紛争当事者に影響をもつ人に対して、このメッセージを伝えた。一〇余年にわたるパレスチナとイスラエルとの厳しく長引いた交渉の経験から、私は捨身の敵同士の間では、初段階の停戦が無意味に帰すという苦い教訓を得た。

イスラエルはすでにガザで、第二戦線における包囲に直面していた。ハマスが二週間前にイスラエルの国境詰所を攻撃し、二人の兵士を殺害したうえに、ギラド・シャリットという若い伍長を人質にしていた。軍出身でないオルメルトは、決断力のある強いリーダーであることを証明する必要があった。米英はイスラエルになにをしてもいいというゴーサインを出した。米英は、イスラエルへの攻撃を、レバノンという国のなかに存在する別の国ともいえるヒズボラを殲滅する機会とみなした。米国政府は、この紛争の初期の段階で、イスラエル空軍がヒズボラに戦略的な打撃を負わせる行動をとれるようになるまで時間を稼ぐ役割を負うことにしたようであった。

ヒズボラのような組織にとって、生存そのものが勝利を意味する。一九八二年に、イスラエルのレバノン侵攻をうけて設立されて以来、ヒズボラは、好むと好まざるとにかかわらず、レバノン社会を構成するゆるぎない組織となっていた。紛争から一週間後、私は安保理での演説において、「イスラエルの市街地を無差別に兵器によって、意図的に標的にしている」と糾弾した。そして私は、「ヒズボラの目的がパレスチナ人やレバノン人の利益を保護するものであるにせよ、彼らの行動はその目的を達してはいない。むしろ、ヒズボラの行動によってレバノン全体が人質にとられている」と結論した。

ヒズボラにとっては、負けないことが結果的に勝利を意味していた。イスラエルにとっては、戦場での勝利以上のものが賭けられていた。イスラエルの不敗神話の本質である、近隣アラブ諸国との戦略的な抑止力は、いまや危機に瀕していた。軍の指導者や政治家は、自らの見立ての誤りを意識するにつれ、ますます捨て鉢な戦略をとるようになった。それから三週間にわたり、イスラエルは大規模な空爆を実施し、ヒズボラの拠点が複数あるといわれるレバノン南部からベイルート郊外にかけて、橋、幹線道路、空港や港といった主要なインフラ施設を攻撃した。レバノンはずたずたにされ、一〇〇〇人を超える民間人が命をおとしたが、ヒズボラの無差別ロケット砲攻撃は収まらなかった。同じ期間に、ヒズボラは何千発ものロケット砲を発射し、攻撃目標はハイファにまでおよんだ。この結果、一〇〇万人以上のイスラエル人が防空壕で恐怖の夜を過ごすことになった。

イスラエルと米国の政治家は武力によってレバノンの政治を変えようとしていた。私は自分のやり方で、国際社会はそのような方法を受け入れることができないことを説いていた。二〇〇〇年に、私はかなり前から予定されていたパキスタン訪問を行ったが、イスラマバード訪問中に、バーミヤン仏像の破壊が起こった。そこで、私はタリバンの外務大臣であるワキル・アフマド・ムタワキルに会った。その時、私は二〇〇八年にアルカイダの攻撃で破壊されることになる、マリオットホテルに滞在していた。ムタワキルに率いられたタリバンの代表一行が私のスイートルームに入ってきたとき、国際情勢がまったく新たな局面に入っていることを認識した。

ひげを生やしてアフガンの伝統的な装束に身を包んだ六人の若い男性――ほとんどが二〇代そこそこに見えた――が入ってきたが、外交官と話をするのは生まれて初めてといった様子だった。通訳を介した会話も理解できないようで、私が仏像破壊を思いとどまって欲しいと、手を変え品を変え懇願しても、ムタワキルは奇妙な答えをただ一つ発するのみだった。「われわれが何をしようと、われわれの規則にのっとっていれば非合法ではないのだ」。そして、私が仏像の破壊が更なる制裁――たとえばタリバン指導層の外国への渡航禁止――を惹起する可能性があると警告したところ、ムタワキルは不思議そうに答えた。「渡航？　なぜわれわれが外国に行かなければならないのだ？　われわれは外国に行く必要はない」。

といっても、バーミヤンの仏像は、私たちの会合のテーマの一つに過ぎなかった。国連は長年アフガニスタンへの人道援助を実施してきており、タリバンが、人道援助活動に攻撃を加えないという言質が必要だった。これについては、ムタワキルは同意し、その結果、私は非常にデリケートな質問をする糸口を得た。その質問がいかにデリケートであるか、私は身をもって知ることになったが。

私は極秘の要請を受けていた。ムタワキルに、当時ＵＢＬとして知られていた男がアフガニスタンに滞在しているかを聞け、というものである。ＵＢＬとはオサマ・ビン・ラディンのことである。タリバンは、ＵＢＬの交換に同意する用意があるか。私は、これは非常に重要な件で、同意することがタリバンにとっても有益であると主張した。しかしムタワキルの返答は、ＵＢＬのアフガニスタンでの影響力をうかがわせるものだった。恐怖と憤怒がちょうど半々の表情で、ムタワキルは、アフガニスタンの「栄誉ある客人」を巻き込むいかなる取引も、彼が直接関係するかぎり、ありえないと返答した。この会合はそれで唐突に幕切れとなったが、あの二〇〇一年九月の運命的な日、UBLが世界を変えた日にも、この会合のことを思い出した。

国連はレバノン紛争に当初から重要な役割を果たしていた。紛争を引き起こした襲撃は、国連が確定し決定した国境線を越えて行われたのだ。この紛争以前に採択された国連安保理決議一五五九号と一六八〇号は、レバノン和平の中心的な条件として、シリア軍の撤退、ヒズボラの武装解除、レバノン政府による全国土の統治を定めていた。しかし、紛争が再発すると、解決には安保理の承認と、その意思を実行する手段が不可欠であることが明らかになった。

イスラエルの撤退がヒズボラの領土奪還という結果を招くことはない、とイスラエル政府を説得するためには、紛争を停止させることができる、新しく強化された平和維持軍を創設する必要があった。ライス長官は、イスラエルが攻撃を続けられるよう時間を稼ごうとする米国政府の意向と、レバノンが攻撃されているのに米国がなにもしないでいることのダメージとの間でジレンマに陥っていたが、二段階の派兵案を提案してきた。ライスの提案は、第一段階では、ヒズボラの撤退に合わせて、イスラエル軍が派遣されるとともに「人道支援」を展開し、その後第二段階として国連レバノン暫定軍(UNIFIL)を強化するための国際部隊を投入するというものだった。

これは、停戦に条件をつけようとする試みで、経験上、私はこのやりかたが成功しないことはわかっていた。国連のアフリカやバルカンでの経験を引きつつ、私はライスにすべての勢力が並行して展開しなければならないこと、イスラエル、ヒズボラ、そして国際部隊のすべてが相互に受け入れられる新たな形で同時に展開するべきであることを伝えた。

私はこの結論に簡単に達したわけではない。平和維持部隊を、マンデートも財源もリーダーも、はたまた成功への道徳的な自信も明確にせずに送ることで、どんな結果が生じるかについては承知していた。この目で、失敗、失われた命と潰えた希望を目の当たりにしてきた。ＰＫＯ担当局長として、国連史上最も衝撃的な経験を見てきた。

ボスニアでの三年にわたる残酷かつ苛烈な紛争は、国連の従来の中立の概念——善と悪、攻撃者と犠牲者を区別すること——に大きな問いを発した。国連は失敗した。スレブレニツァの虐殺は消すことのできない汚点となった。ルワンダもそうだ。現場の国連の司令官の一人が、このままでは惨事になると警告を発したものの、ニューヨークの本部では、ソマリアでの記憶が決断を鈍らせ、三カ月後、ジェノサイドが始まった後になって、国連加盟国の決定で、残っていたわずかな部隊は撤退することになった。

しかし国連にとって、こうした出来事は、一例に過ぎない。紛争地域に、青いヘルメット、白い車両、そしていかなる言葉よりも強く語り掛ける国連旗をかざし、国連は厳粛な誓約をする。われわれは平和維持のために来た、と。これは国連の公約である。そして、おそらくわれわれの最大の失敗は、この責務がどれだけ大きいものか、十分に認識できなかったことではないか。ブルーヘルメットの存在が生死を分けるような状況にあるすべての人びとにとって、制約のあるマンデート、不適切な手段、財源の乏しい活動というものは、無意味であればまだいいが、最悪の場合、裏切りとなる。

国連事務総長として、私はこうした現実を受け入れる決意をした。これは道徳的にするべきことというだけではない。私は、組織としての国連は、自ら道義的かつ軍事的失敗をおかしたことを認め、言葉と行動に表さない限り、平和維持活動に今後参加すべきではないと確信した。国連事務総長が発言したこと(あるいは発言しなかったこと)は、しばしば彼がとる行動と同じくらい重要である。

私にとって事務総長としての責務を果たしているかの最初のテストは、一九九九年のセルビアによるコソボのアルバニア系住民の弾圧に際してやってきた。スロボダン・ミロシェヴィッチの猛攻が、ますます苛烈になるにつれ、私は、国際社会はボスニアでの事態が繰り返されないよう行動する——必要とあれば武力も行使する——義務があると、率直に語るようになった。したがって、NATOが国連安保理の承認なくセルビアへの攻撃を決定した際、私は遺憾を表明したが、「平和のために、武力の行使が正統な場合もある」と発言した。

過去、安保理の承認を得ていない武力行使を是認した国連事務総長はいなかった。これは苦渋の決断だったが、ルワンダやボスニアでの経験を考えると、ほかに方法はなかった。同じ年の国連総会で、私はルワンダにふれ、「ジェノサイドが近づいているなかで、ツチの保護を目指す国々が、安保理からの早急な承認を受けられないときに、そうした国々は手をこまねいて、最悪の事態が起こるがままにしておくのか」と尋ねた。あの総会に参加していた国家代表のなかで、過去を踏まえたうえで、それでも原理原則に忠実であることに固執しようとした人はいなかっただろう。

同時に、私は介入についてのルールなき世界の危うさについても警告した。「コソボの事例が、国家や国家グループが、既存の国際法適用の枠組みの外で軍事行動を行うことが可能な新時代をもたらしたという見方があるが、考えてほしい。そのような介入が、第二次大戦後に創設された、不完全ではあるが弾力的な安全保障システムを掘り崩し、ルールなき介入を許す危険な先例をつくったともいえないだろうか」。四年後にイラクで起こったことは、私のこの問いの一部に、悲劇的な回答を与えてくれた。

事務総長在任中、私は唯一の真に普遍的な国際組織である国連の独自の権威と、権利の保護や苦痛の削減、人命の救助を実施する機関であるという信頼とを結びつけようとした。幾多の公的アクターと私的なアクターが混在し、ますます多様化する二一世紀にあって、国連の正統性についての抽象的な議論はあまり意味をなさない。極限状態に置かれたスレブレニツァの男性と少年やルワンダの人びとのように、安保理内での完璧な意見の一致の結果、見捨てられることになった人にとって、国連の独自の正統性がどんな意味を持つだろう。これからの国際社会において、国連が中心的な役割を担うならば、国連は過去の失敗を認め、今後どのように行動するべきかについて指針を持たなくてはならない。

あまりに長いあいだ、国連は国家とその代表の特権であると考えられ、実際そのようにあつかわれてきた。世界各地の非政府組織(NGO)と若い世代は、精力的かつ効果的に、時代遅れのドグマと不公正な実践に対抗してきたが、それでも彼らの真剣な取り組みは、十分実をむすんではこなかった。先進国のビジネスと、途上国の市場に革命的な変化をもたらした民間セクターの力は、国連ではめったに見ることはできなかった。それよりも、国連の会議場に入るたびに、タイムマシーンにのって、一九七〇年代に繰り返された、力と正義、資本主義と開発についての南北問題の不毛な議論の場に来たかのような気分になった。

着任初日から、私は国家元首たちに、国連憲章の最初の一文は自分たちのことを指しているのではないのだということを思い出してもらった。実際、憲章の最初の一文は「われら人民」の声として書かれている。ミレニアム開発目標からHIV/エイズとの戦いの活性化まで、軍縮と人道援助からグローバル・コンパクトを通じての民間セクターやビジネスとの提携まで、私は国連を、国連が仕える対象である人びとの近くにもってこようとした。各国政府に貢献する組織を率いるのではなく、われわれの活動の中心に一人ひとりの人間を置こうとした。

二一世紀の国連は、新たなパートナーシップを築き、個人のニーズに対応し、国家主権はジェノサイドや深刻な人権侵害を国家の名のもとに正統化する盾として使われるべきではないという原則を堅持しなくてはならない。国連がグローバルな時代の挑戦に取り組むのなら、平和、開発、女性のエンパワーメントと人権を統合した、より幅広い安全保障の概念を広めることに努めなければならない。また、国連は二一世紀の四つの主要課題――平和と安全保障、開発と成長、人権の尊重、法の支配

――において、改革を急ぐ必要がある。

以上の取り組みは、国連の存在価値と有効性にとって不可欠なものである。しかし、長期的な目標へのフォーカスを維持しようと尽力した一方で、私は社会全体を破壊の危機にさらした紛争の旋風に引き戻されてしまった。もし国連が真に苦しむ人びとを支える人道主義を体現し、苦しみを終わらせるためにより一層努力する組織であるのならば、国連は人間の安全保障のための介入を行う機関でなければならなかったのだ。

第一章

独立
――アフリカでの子供時代

[左]フリーメーソンの徽章を装着した私の父，ヘンリー・レジナルド・アナン．
彼にとって，アフリカ人としての自覚を持つことと
ヨーロッパ式の扮装をすることとの間には，なんの矛盾もなかった．
[右]1960 年，米国での学生時代にドラムに腰かけて．
（著者提供）

私の父、ヘンリー・レジナルド・アナンは、反逆的な性格を持ち合わせた人ではなかった。ヨーロッパのある貿易会社のガーナ人重役で、フリーメーソン会員でもあった。部族と先祖崇拝の文化のなかで、英国国教会の敬虔な信者であり、急速な変化をみせる時代にあって、世襲の族長でもあった。父は主張する人間ではなかった。しかし、父は子供たちにアフリカの名前をつけた。それは、一九三〇年代から四〇年代のゴールドコーストでは、父のような社会的地位をもった人間にとって、画期的な試みだった。父にとって、アフリカ人であることと、ヨーロッパ風の服装をすること、ナショナリストであると同時に伝統主義者であること、政治的改革を支持しつつも、自らの人生とキャリアを支えてきた尊敬、尊厳、規律そして勤勉といった価値観を守ることとの間には、なんの矛盾もなかった。しかし、五人の子供にアフリカの名前――ナナエシエ、エシエ、コフィアッタ、エフアアッタ、そしてコビナ――をつけることで、父は子供たちに誇り高い独立したアフリカの将来をかけたのだ。

HR――友人や同僚に父はこう呼ばれていた――にとって、さまざまな領域をいったりきたりすることは、自分の生活や伝統、政治的立場に生来のものであった。HRは急進的な変化と現状維持、伝統とモダン、部族と国家、ファンテとアシャンティ〔前者は沿岸部地域のアカン系ファンテ族、後者は中南部地域のアカン系アシャンティ族で、いずれも植民地化前に王国を形成し、対立を深めた〕、アフリカとヨーロッパといったもののどちらか一方を選ぶことを拒否する人間だった。その代わり、父は持続可能な自己統治のみがガーナ人の誇り高い伝統にふさわしく、自分の足でたち、独立を成功させる安定した社会を築くことを可能にする形態だと主張していた。父は社会の支柱であると同時に、部族や階級や職業を超えた多様な層を担う人でもあった。

父は毎日ダークスーツと襟のゆったりしたシャツに身を包み、ヨーロッパ人の上司と仕事をする会社の重役であった一方で、クマシ〔アシャンティの中心都市〕の、祖父の一族の一員としてくらす自分の家庭では、伝統的なスタイルを保持した人でもあった。出身部族と村が重要な社会にあって、父はファンテ人とアシャンティ人の混血であり、ファンテ人とアシャンティ人双方を妻として娶《めと》っていた。HRは四人の妻との間に、私と双子の妹エフアを含む、五人の子供を持っていた。

父が重役として働いていたユナイテッドアフリカ社は、のちにユニリバーとして知られるようになる英蘭資本の国際企業、リーバーブラザーズの子会社であった。父の仕事の関係で、私の子供時代、一家はガーナ中を転々とした。クマシからアクラやベクワイへ、コフォリドゥアからンサワンやンカウへ。この体験のおかげで、私はガーナをどこでもよく知っている。私の母ローズは、私の腹違いの妹エウラアフアと一緒にケープコーストに住んでいた。双子の妹エフアアッタと私は、一〇代の初めにケープコーストの寄宿学校に入るまで、エウラアフアとあまり一緒に時間を過ごす機会はなかった。遊牧民的な暮らしのなかで、クマシの家はいつでも帰ることのできる故郷であり、三世代が一緒に暮らし、おじやおばに会うことができる場所だった。不確実なことの多い暮らしのなかで、常に教えや愛を与えてくれる人たちがいた。そんな時、伝統的な格言のなかにある、いわく言い難いメッセージが使われたものだ。「おまえの指をくわえている人の頭を殴ってはいけない」はその一つで、諍《いさか》いのなかでも、人と人はつながっているという概念を思い出させてくれる。

毎日、だれか知らない人が訪ねて来たり、違う言葉や部族の習慣を耳にし、文化や人が交わることで豊かさが生まれるということについて学んだ。その結果、部族社会の中にありながら非部族的で、またどちらの側につくのか決めることを余儀なくされる急進的な時代のなかで、政治的には中道な人間に育っていった。

一九三〇年代末から四〇年代のゴールドコースト、この小さな西アフリカの英国植民地は、独立の展望に燃えていた。のちにここはサブサハラのアフリカで初の独立国となり、ガーナと呼ばれることになるわけだが、ゴールドコーストの黄昏に子供時代を過ごすということは、文化と社会の完全な変化を体験することだった。私が一〇歳になった一九四八年までに、独立運動は最高潮に達していた。私が成人した一九五七年には、ガーナも自由な共和国として独立をはたした。ガーナはアフリカで独立を達成した最初の国家の一つで、それから三年以内に、新たに独立した一六カ国が、国連に加盟した。

ガーナ人にとって、このころは非常に大きな希望と約束に満ちた時代だった。アフリカはついに飛び立ち、宗主国がわれわれから取り上げてきたものを、自らのために創り出すのだという期待があった。私にとって、自分が成人になることと独立闘争とを切り離すことはできない。政治とは、部族やイデオロギー、あるいは利権の分配といったもの――これらはほかの多くのアフリカ諸国では規範となってきたものだ――を越えたところに意味と目的をもつものである。社会は機動力があり、だれもが独立運動にそれぞれの形で参加した。投獄された独立運動家たちは、のちに首相、判事、軍司令官として復活した。

ガーナでは非植民地化のプロセスは、白人と黒人の闘争というよりも、国内の異なるグループ内の闘争という形で起こった。蚊が白人を追い出してしまったので、白人と黒人の抗争にはならなかった。奴隷貿易は数世紀にわたり繁栄したが、マラリアと黄熱病のため白人の入植者はほとんどいなかった。そのかわり、闘争はガーナ人同士――急進派と慎重派――の間でのものだった。父は一歩一歩、熟慮しながら変化を推進するグループの際立った存在となった。

ガーナの独立闘争は、伝統と近代化、エリートと労働者階級、アシャンティと海岸部の部族といった二重性に象徴される。ほかの多くのアフリカの植民地同様、第二次世界大戦に英国軍の一員として参加して帰還した兵士たちが、植民地支配の不平等について根源的な問いを発した。彼らは、ともに戦い血を流した英国兵が多額の恩給、土地などの福利をアフリカで授かったのを目の当たりにした。どれもアフリカ人には与えられないものだ。ガーナの専門家集団(弁護士、医師、技師など)の主だったメンバーとともに、彼ら復員兵は独立運動を開始した。こうした専門家は、植民地支配の下でも地位、資産、特権に浴していたので、保守派であり、そのため慎重かつ組織だった体制変化を探った。独立へのスローガンは、このグループの特性をよく表しているが、「一歩一歩《ステップ・バイ・ステップ》」だった。

このグループが連合ゴールドコースト会議（ＵＧＣＣ）を設立し、情熱的で勇敢な活動家、クワメ・ンクルマを議長に任命した。ンクルマはガーナの少数部族の出身で、村の鍛冶職人の息子だったが、米国と英国で独力で学んだ。帰国後、ンクルマは、最終的にはガーナのエリート層の段階的にものを進めるテンポとは相いれない、性急さと情熱を独立の主張に取り入れた。ＵＧＣＣ指導層の自分に対する恩着せがましい態度と、一部の支持者をンクルマの扇動的支持者であるとして受け入れない態度に嫌気がさし、ンクルマはＵＧＣＣと袂をわかち、会議人民党を設立した。ンクルマは性急なだけの人間ではなかった。鋭く戦略的な思考の持ち主で、ＵＧＣＣ支持者の数をはるかにこえる人びとを組織する能力があり、まもなくガーナ独立運動の中心的人物になった。

私の父は、ヨーロッパの貿易会社の数少ないアフリカ人重役の一人で、ＵＧＣＣの指導層に属し、アシャンティ国王の親しい友人だった。父にとって、慎重にバランスをとらなければいけない時期だった。そのころ、わが家はＵＧＣＣ指導層の会合の場所になっており、そのためンクルマ支持者がわが家と通りを隔てた公園で集会を開くほどになっていた。私は父とその友人がわが家で繰り広げる議論に強く影響された。それと同時に、ンクルマの「ただちに独立を」という掛け声の情熱と切迫感にも感情的にひきつけられた。われわれは自分の足で立ち上がらなければならない、われわれの運命はわれわれが決める、というようなンクルマの発言に、深く共鳴した。

平和的な変革は可能であることを、私は独立運動を通して学んだ。まさに実体験を通してのみ得ることができる学びだった。ガーナ初の警察長官やガーナ軍初代司令官が就任宣誓をするのを目の当たりにし、俄然、不可能なことは何もないと思えた。私の世代は誇りと、そして何よりも機会を得ることができた。学校に進み、やがて米国やヨーロッパで学ぶことになり、キャリアを踏み出してからも——世界保健機関のジュネーブ本部、アジスアベバの国連経済会議、ニューヨークの国連本部、カイロの国連緊急軍、ガーナ観光振興会社など——、変革は可能であるという確信を私は持ち続けた。

ほかのアフリカ諸国と同様、ガーナでは、自由の入り口にあって、独立闘争は、従来型の政党政治とは異なる、国民運動の形成という形をとった。独立後、指導者は、人びとは一つの国家組織のもとに統一されなくてはならないと主張し、その結果、一党国家は不可避であった。UGCCは独立のタイミングと方法についての見解だけでなく、一般のガーナ人の中に根差した伝統的な価値観や慣習を重んじるという点でも、ンクルマと異なっていた。ガーナにとって幸いだったのは、両者が自らの主張への賛同を、できるだけ広い層に呼びかけ、部族構造に頼むことがなかったことだ。その結果、ガーナは近隣国の多くを悩ませた部族間紛争に陥らずにすんだ。

独立過程の形態と経験の差異、特に海岸地域や北部の部族と、クマシに首都をおく中部のアシャンティとの間の差異は、ガーナでも明らかだった。わが家にはファンテとアシャンティ両方の血が流れているが、私はクマシで生まれ、父が影響力をもち商売を行っていたのはアシャンティの中心地だった。アシャンティは長年、高いレベルの自治を維持し、沿岸部の部族と違い、ヨーロッパ人の商人や兵士との頻繁な交流がなかったため、ほかのガーナの部族と比べ、アフリカ人に対するヨーロッパ人の人種差別的な扱いへの偏見や推測を内面化していなかった。

クマシでは、ヨーロッパ人の商人にへつらうとか、劣等感を持つという感覚はなく、アクラでも、人種差別を経験することはまれだった。これは、アシャンティ王国とその戦士の気風が達成したもので、王国が一九〇二年に降伏し植民地に併合されるまで、沿岸の部族より丸々一世代長く英国軍と戦った。大量の白人入植者に支配されたガーナの沿岸部族や東アフリカの人びととは異なり、アシャンティ人は自分たちがとってもよい行動に限界があるという感覚を持ったことがなかった。

アシャンティは英国人に対抗することができる戦士であり、ほかの部族を支配してもいたが、アシャンティの間では妥協と交渉に非常な重きをおいた。実際、アシャンティの王は自らの軍をもたず、戦争や危機の際には、配下の部族やそのまた配下の部族に援軍を頼まなくてはならなかった。

対話と交渉による政治的説得と、それを通じてより大きな大義に貢献するという伝統は、ガーナ社会の特徴であり、それによって平和的共存が保たれてきた。独立後、私の父はアシャンティ地方の知事に任命されたが、この伝統を駆使して、国家の利益とアシャンティ王の利益のバランスをとった。アシャンティ王と父は、長く信頼のある友人関係を築いてきた。近代的な共和国政府のやりかたと伝統的な権威構造は融合されなくてはならなかった。父はこうしたスタンスの共存は可能だと考えていた人だったので、この仕事にはうってつけだった。

父は、さまざまな立場を体現した人だった。指導的な立場にあるものとして、フリーメーソンと英国国教会にも深く関与していた。ユナイテッドアフリカ社のヨーロッパ人の重役と完全に対等な関係で働きながら、父はヨーロッパ人の支配と優位という伝統がようやく変化の兆しをみせつつある状況で、アフリカのビジネスマンを代表していた。

UGCC幹部としてガーナ独立に向けた闘争に参加しつつ、植民地経営への責務を果たすには、忍耐、冷静な気質、そして状況に合わせて価値とメリットを判断する能力が必要だった。英国人の経営者とガーナ人革命家の双方を相手にしながら、父は尊厳を保ち、自らの価値観と責任の間のバランスをとっていた。その結果、父は抑制のきいた、しかし弱さや臆病には容赦しない人間であった。

この点において、父は伝統的な忍耐、交渉、和解を体現していた。ガーナ人にとって、「議論の木(palaver tree)」という概念は文化遺産の一部であり、無数の部族と宗教の間に平和と調和をもたらす源であった。会って話し合い、妥協と解決を探り、差異を埋めつつ統一を図る場所、これが議論の木である。もちろん、この伝統は、アシャンティとほかの部族との戦いの時代、妥協が困難で、力が支配した数世紀にわたる時代にも存在した。時が下り、独立ガーナの黎明期に、一連の軍事クーデタがガーナという国の性質を脅かし、発展を阻害したことは、ガーナ人がこの伝統を維持できなかったことを意味している。

しかしながら、比喩的な意味での「議論の木の下での話し合い」という行為は、今日、二一世紀のガーナにも引き継がれている。問題が解決しなければ、解決するまで話し合いを続けるのだ。他人の態度や、特定の立場について賛同できなくても、相手の価値を否定することはしない。この考えは、伝統的な族長とその部族との間で、悪用や傲慢が指摘される行為がある際の対応のために適用されてきた。この考えのもとでは、部族の信頼と尊敬を失った族長は、その立場を追われることになる。

一三歳で寄宿学校に行くまでに、私は自信や寛容、規律の基盤づくりに影響をあたえた数々の出来事を経験していた。父からは、ガーナ独立という歴史上決定的な時期において、自らの信条を保つことが可能であること、確実であると思われることや絶対であると思われることにも批判精神をもたなければならないことを学んだ。父は、対立する者同士がそれぞれの立場に固執し、二者択一しかないような場面でも、この複雑な世界には、別の道が存在することを教えてくれた。父にとって、部族や言語、場所や目的の共存が重要であることは明確だった。なぜなら、さまざまな伝統の融合と希望がアフリカに、尊厳のある新たな時代をもたらすと確信していたからである。

私はケープコーストにあったムファンティシピム寄宿学校の一九五七年の卒業生、いわゆる「独立年卒業生」の一人だった。私や級友にとって、政治や国の運命は、たえず関心の的だった。ムファンティシピムの偉大な伝統は、ガーナのあらゆる部族や地域出身の少年を一堂に集め、生まれつつある独立国家の若い市民となるべく育てることだったが、学校での生活は、ガーナ内部の分裂を反映しており、急進的なナショナリストの立場と、「民主派」と呼ばれる漸進派の間での駆け引きもおこなわれた。

メソジスト教会によって設立されたガーナで最も古い男子校のムファンティシピムは、英国の標準カリキュラムを採用していたが、私の入学当時はすでに完全にアフリカ人によって運営されていた。カーキ色の制服で、日曜日に白いスーツを着るとき以外は、ネクタイはしなかった。毎朝、飾り気のないホールで礼拝があったが、日曜の礼拝は長かった。すべてが質素で、うちっぱなしの壁となまこ板の屋根がついた校舎の石の床の上に、われわれは木製の小さな机をならべて学んだ。学業成績と人柄に加え、禁欲的であることが評価された。

教師たちは生徒を勉強に集中させようとしたが、独立闘争はどの授業にも、どの議論にも、そして校庭での争いにも入り込んできた。人気のあった遊びは、独立の方法やタイミングについて指導者たちがかわす議論をまねるもので、それぞれの派が自らの主張を展開した。模擬国会の選挙まで行い、私は「反対派の副代表」として、漸進派の立場を議論した。私の民主派への傾倒をみた級友から、「民主派アナン(Annan Demo)」のあだなを賜った。もちろん、その立場は父が公式に表明していたものである。

自らの力と権威をはやく得たいと焦る若者にあふれた学校は、つねに居心地のいい場所というわけではなかったが、ンクルマの勇気と粘り強さは皆の称賛の的だった。大きな変化が実現した時期だった。突然、英国の総督が去った。時間をおかずガーナ人が大統領に就任した。われわれは皆、変化が、それも画期的変化が可能であることを確信するようになった。

骨も折れたけれど、親密な環境でもあったムファンティシピムを卒業し、クマシの科学技術大学に進学するころには、私は、誰も想像できなかった変化の時代特有の、政治的議論への情熱を身に着けていた。クマシで、私はガーナ学生国民連合に加盟した。まもなく副議長になり、ガーナの学生運動の代表者として、シエラレオネで開催される会議に招待された。西アフリカ全土から参加した若い男女が自国の未来、独立闘争、そして今後について激しい議論を戦わせた。

この会議には、フォード財団の外国人学生リーダープロジェクトの責任者が臨席していた。このプロジェクトは、リーダーシップの素養がある途上国の学生を発掘し、新興独立国である祖国の発展に将来貢献できるよう、米国で学ぶ機会を与えるというものだった。このプロジェクトのおかげで、私はミネソタのマカレスター大学で学ぶことになった。ミネソタ州は、気候も社会的環境も人種間の交流も、ガーナとは全く違う環境だった。私の家族は私が米国で教育をうけて、ガーナに貢献するだろうと思っていたし、私もそのつもりだった。私にとって、教育をうけることは、のちに社会に還元することを意味していた。ガーナを出発するときには、その後の人生をほぼ海外で過ごすことになるとは、そして米国での生活が私の考え方をいろいろな意味で変えることになるとは、私は両親以上に想像もしていなかった。

安定した家庭で育ち、知と理解の力に目覚めさせてくれた学校生活をおくるという恵まれた環境にあっても、私は人種を基準とした植民地主義とそのヒエラルキーのもつ毒性の強い遺産を経験していないわけではなかった。父のヨーロッパ人の上司との経験がその一つで、それによって父子間で初めて重大な対立が生じたこともあった。ジュネーブの世界保健機関(WHO)に就職して間もないころ、私はユニリバーから、アフリカで働かないかと誘いを受けた(おそらく父が手を回したのだろう)。ガーナではなく、ナイジェリアでの勤務だったが、私にとって、それは基本的には問題ではなかった。しかし、悪魔は細部に宿るのだ。

ユニリバーの外国人スタッフは、特別な雇用契約を結び、会社は外国人スタッフのために便宜供与をはかることになっていたが、私にはこうした待遇はなく、「この地域の出身であるから」という理由で、現地職員として扱われることになるという。米国で教育を受けた者として、ガーナ人として、またＷＨＯのインターナショナルスタッフ経験者として、これは受け入れがたかった。ナイジェリアで働くガーナ人なら、外国人スタッフとして扱われるべきであるのに、会社にとって私は「現地職員」なのだった。私はこの提示を断ることにした。アフリカ人のプロフェッショナルにふさわしい条件とは思えなかったからだ。しかし、これは父を大いに失望させた。「ユニリバーに就職したあとで、平等な扱いをうけられるように内側から戦いなさい」と父は言った。私は、会社はどんなことがあっても、私を二級職員として扱いつづけるだろうと反論した。

そのころには、私はすでにジュネーブで二年間を過ごしていた。最初は国際高等研究所で学び、その後ＷＨＯで、P-1 Step1(国連システムで最も低い国際職員のランクである)として働き始めていた。ジュネーブは国際的で、魅力のある環境だった。二四歳になるまでにアフリカ、米国、ヨーロッパの三つの文化に触れて育った私が「コミュニティ」と認識するものと、父の世代にとってのコミュニティとは非なるものであることを理解し始めていた。

しかしながら、アフリカの将来に貢献したいという思いは、私の人生とキャリアにしばしば戻ってくるテーマだった。一九六五年にジュネーブのWHOで三年間にわたる勤務を終えたあと、私はアフリカ経済委員会(ECA)に異動した。これはアフリカの地域統合と経済協力を進める目的で設立された国連機関である。当時のアジスアベバは、私の青春時代のガーナ独立闘争のころを思わせる場所で、アフリカ統一の理念に動かされ、若い世代のアフリカのリーダーを一堂に集めることに精力が注がれていた。これが最初の、ほかでもないクワメ・ンクルマのビジョンに基づいたアフリカ統一運動の時期であった。

一九六三年にアフリカ統一機構(OAU)が設立されたとき、加盟国は三〇カ国だった。アフリカ諸国が独立を果たし、OAUに加盟するにつれ、加盟国数は増えていった。一九六〇年だけで一七カ国が独立を果たし、加盟国は現在の五四カ国まで増え続けた。この時期に、私は独立諸国の新しい大統領や首相のみならず、独立運動の指導者や闘士のアジスアベバ来訪を目撃した。彼らはアフリカの未来を模索し、大陸全土が解放されるべく尽力していた。あたかも電気が走っているかのような刺激的な空気の中で過ごした若い日々は、いまも私のなかに消えることのない印象を残している。

OAUとは街の反対側に位置するECAでは、地域や下部地域における経済統合や協力を含むアフリカ大陸の経済発展に関する研究や提言を行っていた。当時ECAでは、インフラ、エネルギー、道路建設の改善や、アフリカ全土をくまなく走る鉄道の拡張に焦点を当てていた。正しいリーダーシップとマネジメントがあれば、アフリカは発展すると私は確信していた。

アフリカが発展の名のもとに誤った道を選んでしまったことは明らかで、さらに悲劇的でさえある。今日広く認識されているように、アフリカの発展の障害はエネルギーとインフラの二つである。このことは、四〇年前にはすでに明確に認識されていた。それを考えると、アフリカがガバナンスの誤りに払った代償がいかに大きいものであったかがよくわかる。若く理想的な専門家たちが進歩を阻害する要因とそれへの対処を提言する一方、指導者たちは自らの個人的な利害を超えたところで共通の利益を前進させるために社会資源を活用するよう努力するべきであった。

私は、サバティカルをとり、一九七一年にマサチューセッツ工科大学でスローン奨学生として修士号を取得したのち、ジュネーブの国連に戻ったが、アフリカに帰る道を模索していた。まもなく、ガーナ観光省管轄下にあるガーナ観光振興会社の責任者としてのポストを提示され、一九七四年一一月にその職に就いた。目的は、投資を促進し、沿岸部にホテルをひらき、観光客をひきつけて買い物させるために免税店を開設することによって、ガーナ観光を促進することだった。しかし、私は軍事クーデタによって変わり果てたガーナを目の当たりにした。ガーナは軍事支配の重い影の下にあり、愚かなまでの汚職と官僚主義的不効率がはびこり、国力を衰退させる環境に特徴づけられた国になっていた。

もし問題が官僚主義の障害だけだったら、私はガーナにとどまって、中からの改革を志向しただろう。官僚主義に対する最大の制約は、官僚が自らに課す制約であり、ガーナでも事情は同じであった。

私は最初の妻、ティキ・アラキジャと二人の幼い子供、アマとコジョをつれてガーナに戻った。家族や友人に囲まれて暮らしながら、経済発展を助ける仕事をするのは楽しかった。しかし、軍が、公共部門、民間部門、メディア、文化といった、生活のあらゆる側面に介入するようになった。その結果、経済発展は滞った。職業倫理と厄介な意思決定プロセスが重なりあって、企業活動のいかなる試みも挫かれた。

官僚的な惰性、不効率なガバナンス、軍事支配のなかで、ガーナが、そしてアフリカが必要とする変化をもたらすことは不可能に思えた。四〇年後の今日、新しい世代が、大陸全土に蔓延する腐敗した支配の陰謀に反逆しているのを見ると、私自身が若いころに経験した挫折と、理念のもつ力を思い起こさせてくれる。

私の場合、自分の力が及ばない事情が原因で、残念ながらガーナを離れて仕事をするしかないという結論にいたった。ガーナでの経験は、国際機関に奉職するという意向を強化することになった。ガーナが、また多くの発展途上国が、国際機関の支援や提言を必要としているからだ。私にとっては、ガーナとアフリカ大陸に貢献するには、国連で働くことが最良の道だった。それ以来、国連が私の祖国になった。

第二章

守るべき誓約

――ソマリア、ルワンダ、ボスニア、そして内戦が多発する世界での平和維持の試み

1995 年，国連平和維持活動に参加する将校とサラエボを歩く．
ボスニア紛争は，1990 年代前半の国連平和維持活動にとって最も長期化し，
また破壊的な紛争の一つであった．国連事務総長として，
私はこの経験から教訓を引き出すことを優先課題とした．
（著者提供，撮影 P. W. Ball）

国連に入ってから三〇年後、私は四人の米兵に挟まれ、重機関銃に囲まれた警戒態勢で、ソマリア上空にいた。国連平和維持局（PKO局）担当局長として、私は米軍のヘリコプターに乗っていた。国際政治は劇的な変化を経験していた。

それは一九九三年のことだった。第二次国連ソマリア活動（UNOSOMⅡ）と呼ばれるあまり知られていないソマリアでの平和維持活動という冒険がおこなわれていたが、うまくいってはいなかった。国連平和維持活動として部隊が展開していたものの、維持するべき平和が存在せず、部隊は複雑かつ刻々と変化する内戦に引きずり込まれていた。国連平和維持活動の威信は、いまだかつてなく対立的な環境において、容赦なく試される運命にあった。私がソマリアを視察したのは、一九九三年九月二五日に、米軍のヘリがソマリアで撃墜されてからしばらくしてのことだった。撃墜から数カ月、ソマリアの国連部隊への攻撃が寄せては返し、それからさらに増加していた。インテリジェンス筋の報告によると、新たに数百に及ぶ戦闘員が、ソマリアの軍閥モハメド・ファラ＝アイディードに忠誠を誓い、首都モガディシオに集結しつつあるという。

地雷、小型武器、ロケット式手榴弾を使った国連部隊への攻撃が多発していた。米国のヘリコプターを撃ち落としたのは、ロケット式手榴弾だった。撃墜されたヘリが地上で燃えているのを見ながら、ソマリア人が歓喜していたとの報告があった。その後、同じ日に、ソマリア人がモガディシオのバカラ市場を、白い食糧援助品の袋を掲げて練り歩いていたとの報告もあった。報告書には、袋に入っていたのは墜落時に殺害された米兵の一人の胴体だとの記述があった。この攻撃一つが、その数日後、一〇月にこの活動を見舞うさらに重篤な災難の前兆となった。

一九七三年に初めて国連平和維持活動の現場を経験してから、長い年月が流れていた。当時、立ち上げが始まっていた平和維持活動の、文民職員を担当する総務部門の責任者として私はエジプトに派遣された。エジプトへの国連緊急軍(ＵＮＥＦⅡ)は、一九七三年の第四次中東戦争後に、シナイ半島からの兵力撤退を監視するために設立された。緊急軍の役目は、エジプトとイスラエルの間の休戦ライン、「砂漠にひかれた線」についての両陣営の信頼醸成を図ることであった。すべての平和維持活動がそうであるように、非常に複雑なミッションで、毎日仕事に支障をきたすような出来事があった。緊急軍は数多くの派遣国の兵士で構成されており(フィンランド、スウェーデン、ペルー、アイルランド、カナダ、ポーランド、パナマなど)、事務やロジスティックをめぐる問題があった。命令やロジスティックの系統は複数あり、言葉の問題や、軍や管理・総務についての文化の衝突などの問題があった。各国がそれぞればらばらに派兵や引き揚げを行うので、兵力が不定期に増えたり減ったりした。

しかし、UNEFⅡは、冷戦期の平和維持活動のほぼすべてがそうであったように、基本的には参加者にとって安全で平和なミッションだった。一九九三年のソマリアでは、七〇年代のエジプトで苦労させられたような平和維持活動の運営で生じる問題に加えて、別の大問題があった。ソマリアは暴力的かつ不安定な状況にあり、平和維持部隊が活躍する環境ではなかった。維持するべき平和がない状態だったのだ。ソマリア全土で戦闘があった。政治家、国連職員、メディアがこのミッションをなんと呼ぼうと、ソマリアでは複雑な戦争が行われており、平和維持部隊はこの戦闘に関与していた。

「国連はソマリアに入り、モガディシオの市政を取って代わるべきではないですか。ソマリア問題解決には、それしか道がないのでは?」とレポーターが質問した。

「そのためには、大量の兵力、しかも危機に対応できる兵力が必要になります。戦争状態を引き起こすことになる」と私は返答した。この会話が交わされたのは数カ月前の一九九二年九月、私がPKO局の局長補だったときである。レポーターが発した質問は、当時国際社会で生まれつつあった人道活動への新たな関心にまつわる、大胆で無批判なナイーブさを象徴していた。ソマリアから報道される恐るべき事態に対処するため、国際社会では早急な対応をとるべきだとの声が多くあがったが、そうした呼びかけは、そうするには何が必要なのか、特に政治的意思の重要性に、注意を払ってはいなかった。国際社会の明言された目標と、国際社会がそれに到達するために払う用意のある経費やリスクとの間の乖離が、平和維持活動に大きな挑戦を強いることは明らかだった。

このころがまさに、平和維持活動が規模や数のうえでも、包括的な目的のうえでも飛躍的に拡大し、国際安全保障における役割を大きく変えている時期であった。一九八七年から九二年の間、ナミビアでの比較的大きな活動を除き、平和維持活動のミッションは、多くても一〇〇人の監視員を擁するのみで、参加者への危険はほとんどなかった。しかし、一九九四年の初めには、合計八万人の平和維持部隊要員が世界一七カ所に配置されていた。大多数が、一九九二年一月以降に配置されており、しかも多くが危険な場所に置かれていた。さらに、従来と異なっていたのは、ほとんどのミッションが、一、二の例外を除いて今まで前例のない、内戦状態にある国々に派遣されているということだった。これは、量的にも質的にも国連にとっては大きな挑戦で、複雑な要因があいまって、国連は非常に困難な危機と大いなる失敗にさらされることになった。

国連にとっての最初の挑戦は一九九三年のソマリアでの国連平和維持活動の崩壊であった。さらに第二に、国連平和維持部隊の眼前でジェノサイドを許した一九九四年のルワンダでの事態が続き、第三の試練は、国連の「安全地域」であったはずのボスニアのスレブレニツァで起こった、八〇〇〇人のムスリム人男性と少年の虐殺であった。

一九九〇年代初頭の平和維持活動における惨事は、平和維持の手段の決定的な誤用に端を発しているが、そもそも惨事の根源は平和維持の創設時にまでさかのぼる。平和維持活動は、国連が国際安全保障に実践的な対応をする礎を築いた、国連の黎明期に登場した。第二次大戦後の脱植民地化の過程で、新たな紛争が勃発しつつあった。イスラエルと隣国、インドとパキスタンの対立などが好例である。しかし、こうした紛争は、冷戦開始とともに、新たな国際的な重要性をもちつつあった。米国とソ連の対立により、新たな地域紛争が超大国の対立に影響し、世界規模の紛争にエスカレートする恐れがあった。

このような明らかな懸念と、核兵器の出現による国際平和の脅威を認識しつつ、第二代国連事務総長のダグ・ハマーショルドは、「平和維持」と呼ばれる活動を制度化した。ハマーショルドは、地域紛争によって発生する脅威を封じ込め、できるだけ早急に安定化をはかる必要性を認識し、最悪の場合は核戦争にもなりかねない世界規模の危機にエスカレートする危険を回避しようとした。多国籍で中立な部隊が、停戦合意に続いて、旧交戦者間にひかれた停戦ラインを監視し、両者の間の信頼を醸成し、緊張を緩和するのである。ハマーショルドはこれを「予防外交」と呼び、「新たな紛争を東西対立の枠のそとに」置く手段とした。

平和維持活動の概念は、パレスチナの休戦監視や、カシミールにおけるパキスタンとインドの停戦監視が行われた、一九四〇年代後半の最初のいくつかの国連ミッションの経験に基づき、一九五〇年代後半にハマーショルドによって、基本的な原則やルールが設定された。旧交戦者間に信頼を醸成し、停戦を恒久化するために緩衝役を務める国際部隊を使用するやりかたは、世界平和と安全保障への、国連の際立った貢献であると認識されるようになった。冷戦期の政治によって制約を余儀なくされた国連にとって、平和維持は世界平和と国際秩序に貢献する注目すべき新機軸であった。

ハマーショルドのリーダーシップにつづいて、一九七三年に、平和維持の原則が正式に成文化された。

- 平和維持部隊は、紛争当事者の同意が得られた場合のみ展開される
- 平和維持部隊要員は、その派遣と活動に際し、厳密な公正性を求められる
- 平和維持部隊要員は、自衛のためだけに武力行使をすることが許される
- 平和維持部隊要員は安全保障理事会によって権限を与えられ、その活動への支持を受けなければならない
- 平和維持活動に必要な軍事要員、装備やロジスティクスは、加盟国の自発的な協力によって提供される

安保理常任理事国は平和維持部隊を派遣しないという慣習もやがて生まれた。これは常任理事国の平和維持活動参加が、冷戦対立を緩和するよりは、エスカレートさせる恐れがあるという懸念からである。

しかし、一九八八年一二月七日に、ソ連の書記長であったミハイル・ゴルバチョフは国連総会で演説し、ソ連軍の大幅な削減、とくに東欧に駐在する部隊の削減を発表した。これは冷戦の終了を事実上意味し、国連の役割についても、深い意味を持つものであった。国連の創設者によって世界平和と安全保障を維持する主要機関として位置づけられた安保理は、米ソという二大国の対立によって、四

〇年間ほぼ恒常的に機能停止の状態にあった。しかし、ゴルバチョフの演説は、この対立と、安保理の麻痺に終止符を打つものであった。

ＰＫＯ局にとって、当初この変化は重大であったが、まだ対応することが可能であった。一九八八年まで、国連の四三年の歴史のなかで展開された平和維持活動は、一二を数えるのみだった。しかし、一九八八年から九二年という短い間に、安保理は新たに一〇の活動を展開するにいたった。安保理は以前とは違い、平和維持部隊の介入が適した危機に対応するのに、合意を形成することが可能になった。その結果、国連平和維持部隊はイランとイラクの停戦、ニカラグアの政権移行、キューバ軍のアンゴラ撤退などの監視活動に動員されるようになった。

一九九二年以降に発生したのは、活動の爆発的な拡大である。これは湾岸戦争の砂漠の嵐作戦の結果である。一九九〇年のイラクのクウェート侵攻に対応するため、安保理は全会一致で、国連憲章第七章に基づき、全面的な武力行使の権限を委託する決議を採択した。この結果、三四カ国から九五万六六〇〇〇人が、一九九一年のクウェート解放にいたる作戦に参加したのである。これは国連によって権限が与えられ、米国が主導した連合であり、この作戦は、一加盟国による、別の加盟国への侵略と占領という明確な行為を終わらせた。国連は、その創設目的にかなう責務を果たしたのだ。

新しく活動的な安保理の有効性はいまや明らかであり、安保理が世界情勢について中心的な役割を果たすべきだという理事国の欲望を喚起していた。その結果、一九九二年一月に、史上はじめて、国家元首や首相レベルが安保理の会合に参加し、今後どのように安保理がその役割を果たしていくべきかが話し合われた。この会合で、各国は事務総長であるブトロス・ブトロス＝ガリに、地政学的な変化を経験しつつある現状で、国連がどのような役割を果たせるかを報告するよう委託した。その委託にこたえる目的で発表された『平和への課題』のなかで、ガリ事務総長は、世界各地における内戦の発生について重点を置いた。ガリは、内戦がかつてないほどの国際的関心をよんでおり、また安保理にはこれに対応する義務があることを強調した。

しかし『平和への課題』はまた、非常に重要なことに、長い歴史をもつ平和維持活動がこの課題を実行するに重要な手段であることを考慮するよう安保理に呼びかけたのである。『平和への課題』は、これまでの平和維持活動の環境からの決別を宣言するものであった。特に重要なのは、今後平和維持活動は、紛争当事者の全面的な同意がなくても派遣される可能性がある点だった。これは、文字上では大したことではないかもしれないが、平和維持要員が任される任務に関して、大きな意味を持った。

『平和への課題』が発表されたときにはすでに、旧ユーゴ、ソマリア、カンボジアなどでの内戦に対応するために、平和維持の名の下で一連の新たな活動が、安保理によって展開されていた。ブライアン・アークハート卿が長年にわたって特別政務担当として扱ってきた責務を、PKO局が担当することになったのだ。当時、PKO局の長は事務総長補のマラック・ゴールディングであったが、オペレーションや要員の数の急増や、担当するオペレーションの複雑さにもかかわらず、本部の人員はほとんど増員されなかった。このころ、私は国連ニューヨーク本部のPKO局に異動となった。それ以前は、私は管理部門の監査役を務めており、その前は人事部で予算を担当していた。この異動により、私は新たに創設されたポストであるPKO局の次長として、マラック・ゴールディングを補佐することになった。

紛争当事者すべての合意なくして部隊を派遣するということは、武力の行使を行う可能性について用意しなくてはいけないということだ。この単純な事実は、平和維持部隊が、彼らの権限に疑問を抱く紛争当事者と対峙する際に、従来の平和維持部隊とは違う対応を求められることを意味した。同時に、平和維持部隊を提供する国連加盟国は、この現実につきまとうリスクを受け止め、安保理に対して、関与および注目や反応を続けたうえで政治的な容認を下す必要があることを意味していた。しかし、加盟国はこれをよく理解しておらず、結果として致命的な誤解が生じていた。

一九九二年に、安保理は国連平和維持活動の原則や構造をつかさどる指針を新設あるいは再考することを意識的に怠った。その代わり、状況の変化にもかかわらず、冷戦時代からの平和維持活動に関する構造やドクトリンがそのまま引き継がれた。

これは、古くて軋んだ、冷戦期に対応するために作られた平和維持という道具を、その創設時に全く想定されていなかった新しい時代の状況に使うことを意味した。平和維持活動は、冷戦期における国連システムの政治的制約がある状況で、つぎはぎのように提案されたものだった。国連が独自の、国連本部によって統制される部隊を持つというアイディアは、加盟国には受け入れられなかった。その結果、国連平和維持活動は、三つの軸をもった体制のもとで活動することになった。しかし、三者間の関係や、その活動にとってどこが権威を持つかについては不明確なままだった。まず安保理が、国連の現場でのオペレーションを承認する権限をもっており、マンデートや目的を決定する責任があり、監督的な役割にいた。次に、事務的な役目を果たす国連事務局はとくにＰＫＯ局と事務総長室を通して、オペレーションの毎日のマネジメントに目を光らせていた。そして三番目に、部隊を提供する国々は、国連平和維持活動に派遣されている部隊への権威を維持していたし、事実上、派遣部隊に対しての最終的な指揮権を持っていた。

したがって、平和維持活動は、ロジスティクスや事務の面は権威のあいまいな国連の一部局によって運営されていたものの、政治的意図のためにしばしば葛藤を抱えた、安保理という政府間機関に依存していた。さらに困ったことに、平和維持活動は、部隊提供国に完全に依存しており、部隊は出身国政府からの命令だけに従っていた。命令系統は混乱し、意思決定責任はばらばらで、安保理、部隊派遣国、事務局の三つの軸の間での目的の統一は不在だった。

冷戦期の従来型の平和維持活動では、これは派遣の遅延や混乱、部隊の指揮や装備、維持に関する重大な問題を招いた。しかし、私自身が一九七三年にエジプトで経験したように、こうした問題があっても、ほとんどの平和維持活動は、明確に設定された停戦ラインの監視というような、比較的安定した状況で行われていた。このような平和維持活動システム固有の弱点は、安定した状況での活動では露呈されることがなく、したがって改革の必要性が認識されることもなかった。短所があっても、このシステムのもとで、平和維持部隊の派遣は十分に実施されていた。

しかし、内戦によって生じた新たな状況は、状況を一変させた。国対国の戦争と比べ、内戦ははるかに流動的で不安定、かつ事態急変の傾向があった。これは、内戦の複雑な性質と、交戦団体の数が多いこと、とくに非正規軍の関与によって交戦者が不明確であることに起因している。世界の内戦地域における平和維持活動への一新された期待とともに、国連平和維持活動の枠組みの弱点、矛盾そして制約が試練にさらされる状況が始まった。

国連事務総長ブトロス＝ガリのやりかたは、この問題を複雑化させた。ガリは安保理に入る情報、また安保理から出る情報をコントロールし、制限することに尽力した。安保理への情報のほとんどは、ガリの個人的な代理であるチンマヤ・ガレハンによって伝えられた。部隊司令官も、PKO局の局長(事務総長補である)もスタッフも、安保理に直接ブリーフすることを、ほとんど許されなかった。ガリは加盟国の代表や指導者、現場で活動の政治面を担当する事務総長特別代表と自らとのコミュニケーションを、厳密かつ秘密裏にコントロールした。この結果、PKO局では、誰が何を知っているのか、なにが決定されたのか定かでない状況で、日々の活動運営と指揮を行わなければならなかった。PKO局は、部隊の指揮権を維持する派遣国をサポートしながら、事務総長室の下、安保理の指示を受け取るという命令系統に組み込まれていた。

一部の加盟国の日和見主義が、この頃の平和維持活動を管理する難しさの根底にあった。これらの国は、自らの人道分野での願望を満たすために平和維持活動という仕組みを使い、PKO局によって管理される部隊を派遣しながら、責任を放棄した。短期間のうちに、これらの国は人道危機に貢献しているという称賛を得ながらも、同時に現場の困難な状況に対応することを回避していた。自国民や議会に対して、派遣部隊が対峙する任務や危機について認識させる行動をとっている国は稀だった。PKO局は、これらの活動が武力を要することに理解を求めようとした。しかし、国連平和維持活動は長年にわたり、派遣部隊へのリスクがほとんどない活動だと認識されてきた。この当時でも、派遣はまだそのような認識のもとで行われていた。「平和維持」という看板のもと、派遣国は従来の平和維持が展開されてきた状況とは全くことなる内戦に、部隊を派遣する結果となった。

ソマリア――飢饉と内戦

「花瓶を落として、三つの破片に割れたなら、拾って元に戻すことは簡単だろうけれど、もし、数千の破片に割れたらなんとかできるのか？」

国連のソマリアへの事務総長特別代表のモハメド・サヌーンが、一九九二年時点でソマリアが対応しなければならなかったジレンマを描写した言葉である。ソマリアが崩壊するのに長くはかからなかった。一九九一年一月に、シアド・バーレ大統領は権力の座を追われた。この結果、権力闘争は、ソマリアにおける入り組んだ部族や親族構造を解きほぐすことになった。一九九一年一一月までに紛争は激化し、暫定大統領のアリ・マフディ＝モハメドと統一ソマリア会議議長モハメド・ファラ＝アイディード将軍を支持する各派の戦闘によって暴力が激化し、首都モガディシオは戦乱状態となった。その結果、国家統治機能は軍閥とギャングによって分断され、紛争が国全体を飲み込んだ。ソマリアでは、一つの戦争が起こっているというよりは、結果的に大きな紛争状態を形成するミニ紛争がいくつも起こっているというような状況だった。

バーレ政権崩壊直後の一九九一年三月より、国連の人道援助機関は大規模にソマリアへの援助に関与してきた。しかし、紛争とそれに伴うソマリア社会の基本的な機能の崩壊が広まるにつれ、国連の存在はソマリアの一般住民への悪影響を止めるには十分でなくなってきた。次第に、交易や食糧配布システムは消滅し、全人口の半数以上である四五〇万人が深刻な栄養不良に瀕し、さらに一五〇万人が死のリスクにあると推定された。

一九九二年にテレビで報道された映像は、私が見た中で最悪のものだった。ソマリアは痩せ衰えた人びとの光景だった。映像に映された人の中には、もう死んでしまった人もいたし、かろうじて生きているような人もいた。男性も、女性も子供も同じだった。何十万というソマリア人が死に瀕していた。

しかし、援助物資の供給だけでは、効果はなかった。この状況は、天候による飢饉や、不適切な食糧配布システムが原因ではなかったので、人道援助のみによって短期的に解決できる状況ではなかった。壊滅的な干ばつが、食糧不足の端緒を開いたのは確かだったが、軍閥が意図的に最も基本的な生存の手段を奪取することで飢饉を作り出し、ある特定の人びとの生存を脅かそうとしたことは確実だった。残虐な内戦が引き起こした飢饉を、人道援助によって解決することは不可能だった。どのような武力をもってしても、大規模で複雑な内戦に介入して停止させることは非常に困難であったであろうし、前例もなかった。国連の組織文化と経験に照らして、人道援助が実施できる環境を作るには、交渉と関係者間の取引以外の選択はなかった。一九九一年一二月二七日に、退任目前の事務総長ハビエル・ペレス＝デ＝クエヤルは国連による最初の政治的交渉にのぞみ、飢餓に瀕した人びとへの人道物資の提供を可能にするような停戦を呼びかけた。

当初、この試みは牽引力を持っているようにみえ、一九九二年三月三日に、モガディシオで、マフディ大統領とアイディード将軍の間で停戦を実施する協定がまとめられた。この取引の一部および協定の結果、安保理は同年四月に国連ソマリア活動(UNOSOM)を創設した。これは、モガディシオでの停戦を監視する五〇人の非武装の監視団と、ソマリア各地での人道物資運搬を援護する部隊を含む平和維持活動だった。

一九九二年八月二五日に、赤十字の職員一一人がソマリア南部のキスマヨ港で殺害されたとの報告を受けた。それまでの数週間、ソマリアでは何十という人道援助活動家や援助物資への攻撃があったが、これは最悪の例だった。この事件に先立つ八月一六日に、私はニューヨークのPKO局に着任し、モガディシオで武装集団と略奪者が食糧配給車を妨害しているとの報告を受けた。国連世界食糧計画の職員は、モガディシオの港から国内各所に食糧を配布しようとしていたが、再び武力による妨害を受けた。これだけではない。同じころ、武装集団がキスマヨ港に押し入り、二五〇トンの食糧を略奪した。

ソマリアの地方で活動する援助従事者は、現地の人びとが置かれたますます悲惨な状態と食糧援助の妨害の結果について報告した。モガディシオから二四〇キロの場所にあるバイドアでは、子供たちが一カ月前に設置されたばかりの食糧補給センターで亡くなっていた。報告がなされる間にも、モガディシオとバイドアの間の道は死体でいっぱいになっていった。

政治的解決や和平への動きがなく、武装ギャングによる略奪が援助物資の供給の妨害を許していた。現状は、国連活動の対応能力が適切でないことを、繰り返し示唆するものだった。一九九二年八月末に、安保理は、ブトロス＝ガリの提唱したUNOSOMの監視・護送活動の拡大を承認した。

しかし、援助運搬に護衛がついても、継続する戦闘によって、国土の大半で人道状況は悪化し続けた。そして状況は一九九二年一一月から一気に悪化した。食糧援助物資が増強され、それを提供するための手段が強化されるにつれ、援助を阻害する圧力も高まった。ギャングのみならず、軍閥のすべてが食糧配給を明らかに妨害しようとしていた。膨大な援助がソマリアに到着したが、飢えに苦しむ人のわずか一部にしか届かなかった。

PKO局にとって、食糧が人びとに届かないことが最大の懸念であった。安全な食糧供給のためには、さらなる部隊の投入が必要とされる。状況は惨憺たるものだった。ソマリアの港に設置された倉庫は食糧でいっぱいであったのに、推定三〇〇〇人が毎日死亡していった。さらに、それまでに三〇万人が既に死亡していた。これは私が当時使っていた表現なのだが、状況は、われわれすべてを毎日少しずつさらに消耗させていった。

明確な目標を掲げた緊急対応が必要なことは明らかだった。食糧を飢えた人びとに届けるには、武力行使の権限と能力が必要だった。一九九二年一一月二九日、ガリは、人道援助物資を不断に現場に届けるためになにがなされるべきか、オプションを示すようにとの安保理からの要請に応えた。ガリは国連憲章第七章のもと、武力行使の権能を付与することが唯一の実効性のある選択だと回答した。

その結果、一九九二年一二月三日に安保理は全会一致で決議七九四号を採択し、「ソマリアでの人道援助活動を安全に行う環境を早急に整備するために可能なすべての手段」を許可した。「すべての手段」には、憲章第七章に基づいた、新たな統一された軍の派遣も含まれていた。この決定は、米国が新たな軍事派遣の主導をとるという理解のもとで下されていた。翌四日、退任間近の米国大統領ジョージ・H・W・ブッシュは、「希望回復作戦」を承認し、「米国のみが大規模な軍事機能をあのように遠隔地域に速やかかつ効率的に派遣し、その結果、何千という無辜の民を救うことができるのだ」と発言した。一二月九日には、世界一訓練されたアメリカ軍の先鋒隊二万八〇〇〇人がソマリアに到着した。ほかの二〇カ国から派遣される一万七〇〇〇人の部隊も合流する予定であった。

安保理も派遣国も、この決定的な行動によって、ソマリアの状況はすぐに安定すると考えていた。これを強く確信していた安保理は、この活動は短期間で終了し、またこれが布石となって、平和維持活動の再開とそれに次ぐ紛争後の平和構築が可能になると強調していた。

この介入にもかかわらず、「紛争後の平和構築」が可能になるような兆しはなかった。米国主導の機動部隊による、ソマリアの主要地域への人道物資の提供が無事に行われると、彼らの任務も終了となった。一九九三年三月には新たな国連の平和維持活動のＵＮＯＳＯＭⅡが設立され、ソマリアの事態を担当することになった。同月、私はマラック・ゴールディングの後任としてＰＫＯ局長となり、事務総長補の地位についた。

米国主導部隊はソマリアの四〇％にわたる地域に食糧を提供し、人命救助に成功を収めたが、戦闘は収まらなかった。この結果、ガリは安保理に対し、ＵＮＯＳＯＭⅡが、希望回復作戦同様に、武力を行使し、かつソマリアの法と秩序を回復するために紛争各派を非武装化することができるように、第七章権限を付与することを提案した。その結果、一九九三年三月二六日に安保理決議八一四が採択された。米国の国連大使マデレーン・オルブライトはこの決議を「ソマリアが誇りある、国としての機能を持った、国際社会のメンバーとして返り咲くために必須の、前例のない決断」と宣言した。

しかしながら、問題は、ＵＮＯＳＯＭⅡの権限は拡大したものの、米軍の撤退に伴い、その能力が激減したことだった。ＵＮＯＳＯＭⅡははるかに小規模で、装備も不十分、命令系統がばらばらな組織だった。一九九三年三月以前には、米国中心の約四万人からなる部隊がソマリアに展開していたが、ＵＮＯＳＯＭⅡは、いまだにわずかな米国部隊の参加はあったものの、トルコ、マレーシア、パキスタンなどから派遣された二万人を決して上回ることのない活動だった。ＵＮＯＳＯＭⅡが成功するには、紛争各派の間での速やかな政治的和解と平和協定の成立が不可避であった。それなくして、ＵＮ

OSOMⅡが目的を達することは不可能だった。

しかし、解決の糸口はなく、戦闘はとくにモガディシオ南部で続き、UNOSOMⅡがその限られた資源をもって、紛争停止のためにできることはほとんどなかった。さらに、紛争各派の武装解除に関与することで、UNOSOMⅡは紛争に巻き込まれることになった。このような紛争状況では、武装解除の対象になった勢力が、敵の勢力に対して不利な状況に置かれることは自明である。武装解除に応じる軍閥はいなかった。一九九三年六月五日、UNOSOMⅡを狙った一連の攻撃の後、二五人のパキスタン兵が殺害され、五〇人が負傷した。アイディード将軍は非難され、安保理、とくに米国は、国連活動への最大の脅威とみなされるこの人物の逮捕を急務とした。

この結果、活動は重要な戦略的視点を失った。私は、国連に必要なのは全体的により大規模な部隊であり、モガディシオにいる特定個人の逮捕に人員を割くべきでない、と考えていた。事務総長特別代表のサヌーンは軍閥と交渉すると、彼らに下手な正統性を与えてしまうので、モガディシオの外にいる現地の指導者との交渉を提案した。彼の見解は、モガディシオで武器の数を競い合っているような軍閥ではなく、地域で真の正統性を認められているリーダーこそ、ソマリアの再構築と和解に必要だというものだった。しかし、アイディード拘束への拘泥のまえに、どのような代替案も説得力を持たなかった。

UNOSOMⅡはガリ独自の秘密主義的なスタイルで運営された。ガリが部隊派遣国と個人的に交渉した結果、PKO局幹部も含め、国連スタッフの多くが、意思決定プロセスから疎外されていた。

ガリが内密にした最も重要な件は、アイディード確保のための米国特殊部隊の派遣である。一九九三年八月末に米国のレンジャー部隊、デルタ部隊、海軍特殊部隊ＳＥＡＬｓからなる一団がソマリアに到着した。彼らはＵＮＯＳＯＭⅡの米国部隊とは全く別の命令系統に属した。ＰＫＯ局がこの事実を知ったのは一九九三年一〇月三日のことで、アイディードを確保するための破滅的な試みについての報道があった際だ。ガリのソマリアへの強固な態度は、米国のアイディード確保というこだわりと利害の一致を見た。ヘリコプター二機が撃ち落とされ、一八人の米兵が殺害され、数十名が負傷し、モガディシオの各所にとらわれた。彼らは、この作戦について私たち同様全く知らされていなかった国連平和維持部隊によって、武装したソマリア人の暴徒に囲まれた死地から救出された。米兵の遺体が全裸にされてモガディシオ市内を引きずり回される恐ろしい映像が、世界中に配信された。

人道活動にとって、これは破滅的な事態だった。米国民は衝撃をうけた。米軍がほかの部隊とともにモガディシオで数カ月間、ＵＮＯＳＯＭⅡの一部として戦闘に従事してきたこと自体は、問題ではなかった。ただ、ＵＮＯＳＯＭⅡは「平和維持活動」だと理解されてきたので、米国民は米兵に被害がでることを想定していなかった。ソマリアへの介入に反対していた政治家たちは、米国の撤退を声高に主張した。

米国は速やかに、ソマリアからの撤退を発表した。最も訓練され、装備も整った部隊の撤退は、ＵＮＯＳＯＭⅡを骨抜きにした。ほかの派遣国も、さらなる危険にさらされ、撤退を決めたので、国連ソマリア活動は数カ月で解体した。こうして、純粋な人道目的から始まった活動に平和執行を試みた、この重大な実験は終わった。平和維持活動として戦闘地域に入った結果、ソマリアの人びとのために、誇らしい援助を行ったとはいえ、政治的な判断から、素早い撤退を余儀なくされた。

世界はソマリアを見捨て、新しい混沌と苦悩が始まることを許したのだ。それ以来、ソマリアは西側諸国の関心を失った。ソマリアが新たに注目を浴びるのは数年後、国際テロ組織がソマリアを拠点にして公海上で海賊活動を行い、国際交易のライフラインを脅かすようになったときである。しかし、一九九三年には、「啓発的な自己利益」としての国際人道主義の概念は、国際社会では理解されなかった。

一〇月三日の失敗は、平和維持システムの機能障害的性質を明るみにした。だが、加盟国が平和維持活動のありかたについて再検討することはなく、むしろ劇的な反応を生んだ。ビル・クリントン大統領は、米軍は国連平和維持活動の危険な任務には派遣しないことを発表した。ソマリアでの完敗は、リスクを冒すことへの嫌悪を、いまや部隊派遣国にこれまでにないほど強く蔓延させることになった。しかし、平和維持活動は他の複雑かつ急速に変化する内戦地域で展開を続けざるをえなかった。

その結果、平和維持活動の機能障害は悪化した。九月に承認されたハイチでの平和維持活動は、一〇月一一日に米国とカナダの部隊を載せた米国の軍艦が、海岸に展開した軽武装の犯罪集団によって追い返されたことですぐさま崩壊した。一九九三年一〇月三日以降、平和維持に対する敵対的な姿勢は、平和維持活動の創設と実施をめぐる議論にただちに影響を与え、その結果、安保理は平和維持活動に武力行使権限を付与することに、怒りをこめて抵抗するようになった。運命的なことに、この状況下で最初に創設されたのが、ルワンダでの活動だった。

ルワンダ――ソマリアの影で

暗号無線：一九九四年一月一一日
宛先：ニューヨーク国連本部、ＰＫＯ局モーリス・バリル
発信者：ルワンダ、キガリ、国連ルワンダ支援団（ＵＮＡＭＩＲ）司令官　ロメオ・ダレール
件名：情報提供者への保護要請

この情報提供者は、非常に高い地位にある政府関係者の仲介によって、司令官と連絡を持つにいたった。情報提供者はＭＲＮＤ（フツ与党）の民兵インターハムウェの訓練の、トップクラスの担当者である。この人物は先週土曜日のデモを組織したことをわれわれに報告してきた。（デモの目的は）ＲＰＦ［ツチ人による反政府組織、ルワンダ愛国戦線］大隊（平和協定に基づいてキガリに駐留する反乱軍の一部隊）を挑発し、その結果ＲＰＦが（発砲を受けて）デモ隊と衝突するように仕向け、内戦へと発展させることであった。議員は議会への出入りの際に暗殺される予定であった。ベルギー部隊（平和維持部隊の主力）も挑発される予定で、もしベルギー兵が武力を行使した際は、要員多数を殺害し、その結果ベルギーがルワンダから撤退するように仕向ける計画であった……Ｕ

NAMIRの到着以来、情報提供者は、キガリに住むすべてのツチ人を登録する命令を受けており、同人はこの背景には、ツチ人の絶滅計画があるとの疑いをもっている。一例として、情報提供者は自分の配下の者が、二〇分以内に一〇〇〇人のツチ人を殺害できることを挙げている。情報提供者は、自分はツチの絶滅には反対していると表明している……情報提供者は、少なくとも一三五丁の武器が保管されている主要な武器庫についての情報を提供する用意があり……今夜にもそこに行く用意がある……われわれは三六時間以内に行動を起こす用意がある……武器庫の偵察およびその手入れについての詳細な計画は明日の午後以降には完了する。罠である可能性は、完全には否定できず……Peux Ce Que Veux. Allons-Y（意思があれば道は開ける、さあ行こう）

一九九四年一月までにPKO局は世界各地一七カ所に展開する、六〇以上の国から派遣された八万人の部隊の管理に忙しく、それも在ニューヨークのぎりぎりのスタッフだけで行っていた。この目のくらむような、またソマリアの負の遺産を背負った状況で、われわれはルワンダの平和維持部隊の司令官から、この緊急かつ極めて不穏なメッセージを受けた。

三カ月後には、ルワンダでは推定八〇万人が一〇〇日間に殺害される事態が起こっていた。われわれのダレール将軍への返信は、将軍がフランス語で書いた結句「さあ、行こう」のトーンとは真逆のものだった。われわれはダレールが提案している武器庫の視察について警告を与えた。安保理も、UNAMIRの権限も、そのような行為を許可していないことを指摘し、ダレールにこの情報を現地の影響力のある関係者――ルワンダに強い影響力をもつ三カ国も含む――と警告として共有するよう指示した。ダレールは、在ルワンダのフランス、米国、ベルギー大使館と接触し、またルワンダの大統領とも連絡をとることになった。われわれは、これが、最善かつ唯一の選択だと考えたのだ。

その後起こったことを振り返ると、なぜこのような助言をしたのかと思う。しかし、いろいろな意味で、当時国連平和維持活動を取り巻いていた、すべての間違いを想起するに、これ以外の結論にはたどり着くことはできなかった。

ルワンダでは、長年にわたり少数派のツチ人――独立前の植民地統治下で優遇された地位にあった――と多数派のフツ人との間の民族対立があった。植民地時代のツチ人の優位は、ベルギーからの独立に伴う暴力的な権力闘争で覆っていた。一九六二年の独立後も、ツチ人によるフツ人への覇権が再興することへの恐れがあった。一九九〇年一〇月一日、ツチ人主体のルワンダ愛国戦線(RPF)が隣国のウガンダから、フツ人主体のルワンダ政府への攻撃を開始した。フツ人主体の政府にとって、RPFの侵略は、ツチ人支配の復活という脅威を象徴するものだった。

RPFは強力な反乱軍で、目覚ましい勢いでルワンダ北部に拠点を広げ、その後何度となく、首都のキガリに近づいた。ジュヴェナル・ハビャリマナ大統領率いるフツ人主体のルワンダ政府は、フランスと同盟関係にあった。フランスのパラシュート部隊は数度、ザイールとベルギーからの部隊とともにルワンダに派遣され、RPFの前進を止めるために苦戦するルワンダ軍を助けるため、キガリの要所を防衛した。一九九三年二月八日、RPFは最大規模の攻撃を実施し、キガリから一二―一三キロの地点にまで迫った。フランスは、六〇〇人のパラシュート部隊を追加投入し、キガリ政府を防衛する介入をおこなった。この結果、RPFの前進は止められ、フランス、ベルギー、米国からの外交的圧力のもと、RPFは紛争の平和的解決のために、全陣営を巻き込んだ交渉に参加することになった。

その結果、アルーシャ協定と呼ばれる平和協定が、一九九三年八月に締結され、権力配分、両民族を代表する民主的政府、政府軍とRPFを統一した軍隊の設立などの条件が決定された。この協定には、中立的な国際部隊を、平和協定維持のために派遣するとの一条項があった。これはフランスが提唱した案であった。フランスは、同盟関係にあるハビャリマナ政権が、RPFと権力を共有しながらも生き残るために、外から平和協定維持に貢献する国連部隊の展開をアルーシャ交渉の過程で強く推した。

当初、フランス以外の安保理常任理事国は、ソマリアやボスニアといった場所で、複雑で大規模な活動にてこずっている状況で、ルワンダのような遠い、はっきり言えばよくわからない国に介入することにほとんど関心がなかった。しかし、フランスはハイチとグルジアへの平和維持部隊展開を支持することと引き換えに、米国とロシアからルワンダでの活動の支持を取り付けた。この結果、一九九三年一〇月五日に安保理は決議八七二号を採択し、UNAMIRが創設された。

決議八七二号を理解するには、当時安保理(とくに米国)が、頑強な装備を持った平和維持活動に対して、拒否感があったという文脈をおさえておく必要がある。UNAMIR創設についての採決は、モガディシオでの完敗の数日後に行われた。米国は、他国の支持も取り付け、武力行使の権限が将来的に付与される可能性を持ち、その結果、混乱と要員の犠牲者を生むことになるであろう平和維持活動に協力することに、強硬に反対していた。さらに、米国内では平和維持活動への拠出を減らすべきだという議論が起こっていた。米国議会の議員の多数が、あまりに過剰な拠出が税金から支払われているると主張していた。

その結果、米国は、最初UNAMIRは一〇〇人という小規模の監視員で構成するべきだと主張した。これは一九九三年八月に派遣された国連調査団が最適な人員数として勧めた八〇〇〇人よりも、はるかに安価なオプションであった。調査団は、アルーシャ協定遵守をサポートするに最低限必要な人員は五〇〇〇人であると主張したが、最終的には、二五〇〇人の部隊が派遣されることになった。

モガディシオでの急襲の結果は、米国において、国連への怒りの突風を引き起こした。クリントン政権はモガディシオでの完敗について国連を非難し、国連本部はソマリアの米国部隊の指揮権を持っていたので、一九九三年一〇月三日の惨事にも責任があるという、事実と異なる申し立てさえ行った。PKO局はアイディード確保作戦についての情報はおろか、米国の特殊部隊がソマリアに潜入していたことすら知らされていなかったのだから、このいいがかりは耐え難かった。

この結果、UNAMIRの創設とそれからの数週間、国連平和維持活動の将来は非常に不安定であるという印象が支配的だった。これは特に、米国議会が一九九四年度の予算策定において、平和維持活動の緊急出動のための資金を米国が提供できるような「平和維持準備基金」の提案を却下したためだった。米国は平和維持活動から完全に手を引きたいかに見えた。一般拠出金と平和維持活動経費の九億ドルにのぼる米国の未払いを考えると――支払いは国連加盟国の義務であるのだが、議会が承認を拒否していた――、国連平和維持活動の、国際平和と安全保障への寄与が、急速に凋落しているかのように思えた。平和維持活動が完全に枯れ果ててしまうのでは、との懸念すらあった。

当時、われわれは、ＵＮＡＭＩＲはソマリアやボスニアで国連が経験した惨事を生じさせるようなリスクに対峙していないと分析した。三年にわたる内戦は終結し、完全な平和協定が締結されていた。近年の物議を醸しだすような活動と比較して、ルワンダでは、「維持すべき平和」がないような事態ではないと理解されていた。平和維持活動はアルーシャ協定の一部であり、紛争当事者すべての合意を得た存在であるはずだった。さらに、ＵＮＡＭＩＲは憲章第六章活動であり、平和執行の権限や責務を負ってはいなかった。最終的に、このオペレーションは、アルーシャ協定を継続的に遵守するというＲＰＦとハビャリマナ政権の公約に依拠するという明示的な条件のもとに発動されていた。協定のいかなる破綻も、ＵＮＡＭＩＲオペレーションの終了を意味し、これはこのミッションがソマリアやボスニアで国連が苦しんだような内戦の混乱した事態に対峙することはない、と認識された。

国連は、ルワンダにおける民族対立から生じる暴力の歴史についてよく認識していたし、隣国のブルンジで、同じ構造から大量虐殺が発生していることもわかっていた。しかし、この事実が、ルワンダの崩壊につながるほどの深刻な問題であるとまで、理解しきってはいなかった。ブルンジと異なり、ルワンダの紛争当事者は平和協定遵守に関する国連の役割を了解していた。伝統的な平和維持活動の観点からみると、当時のルワンダは、ほかの場所と比べて、活動を行うに安全な場所と思えた。

このような楽観主義にとらわれていたのは国連だけではなかった。ルワンダでも長年、国際開発系の活動が盛んで、一九九四年三月時点でも、代表的な開発団体が、ルワンダはまれにみる成功例であるとの報告を行っていた。しかし、国際社会はルワンダの社会や歴史、軍隊について、ほとんど理解していなかった。あるCIAの職員は、ルワンダに派遣された一九九〇年当時、最初の仕事はルワンダがどこにあるのか地図で確認することだったと認めている。PKO局でもルワンダについての専門知識はなかった。安保理は、人員不足のPKO局に常に多数のオペレーションを託してくる。限られた知識しかない国への派遣に関与するのは、常態となってきていた。

UNAMIRの任務は従来型の平和維持活動と停戦監視のみと、非常に限られていたものの、その展開は悪いスタートを切った。一九九三年一二月末時点で、兵力はまったく不適切だった。一二月三〇日のUNAMIRからの報告は、厳しい状況を説明している。キガリ周辺の安全を確保するのに不可欠と考えられていた、八〇〇人からなる完全装備の歩兵大隊を提供する準備のある国はなかった。その代わり、UNAMIRは小規模な二つの歩兵大隊——三九八人を擁するベルギー隊と、三七〇人を予定していたが、二六六人のみが到着したバングラデシュ隊——を受け入れることになった。装甲車やヘリもないことは、報告書によれば、「抑止効果を生む装備の不在と、キガリのみならず、非武装化地帯に不可欠であると事務総長報告で強調された機動待機部隊の不在」という事実に反映された。ほかにも諸問題がある中で、この報告書は派遣されたエンジニアやロジ担当者が、兵力不足から歩兵としての任務を任されることになったと記している。

ＵＮＡＭＩＲは対応能力強化のために、二二台の装甲車と八台のヘリコプターを受け取る予定だったが、ヘリコプターを供給しようという加盟国はなく、国連のモザンビークでの活動で使い古された装甲車八台が最終的に提供された。ようやく到着した車両はおんぼろで、使えるのは五台のみだった。この五台さえも、一部は頻繁に故障し、ほかの車両に牽引されるざまだった。このような、屈辱的でさえある部隊の能力の欠如は、しばしばキガリで、ルワンダ政府軍に目撃されることとなった。後年、ルワンダ大統領に就任した、ＲＰＦ指導者のポール・カガメと会談する機会があったが、カガメは、当時ダレール将軍は任務を遂行するのに必要な手段を与えられていなかったとの印象を持っていたそうだ。またカガメは、ルワンダの国連部隊本部を訪問した際、ダレール将軍にはカガメを保護するだけの力がないと認識したと述べている。

このような状況で、ＵＮＡＭＩＲからの兵力不足についての破滅的な報告が一九九四年一月一一日に提出されてから二週間もしないうちに、ダレールから現地の不穏な状況についての情報と、武器庫への査察を行うという報告が届いた。私の次席であったイクバル・リザは、この報告を受けるとすぐに、適切な指揮系統に従い、ルワンダの事務総長特別代表のジャック＝ロジャー・ブー＝ブーに連絡し、武器庫への手入れを止めるように指示した。それは、本部はダレールが予定しているような手入れには「武力行使とその結果としての予期せぬ反撃を回避するため」、賛成できないというものだった。

その当時われわれが最も懸念したのは、特に国連平和維持部隊の立場を考えると、壊滅的な軍事行動が起こり、その結果、平和維持部隊に重大な被害が生じることだった。ダレールの武器庫手入れ要請を見て、われわれは三カ月前に失敗した、モガディシオでのアイディード確保作戦に近いものを感じた。しかも今回は、軍事的にはるかに弱く、増強の可能性もない平和維持部隊しかいなかった。ダレール将軍の計画に従うと、ソマリアよりも悪い結果を招く可能性があった。ルワンダには、二つの軍隊があり、それぞれが敵意に満ちて、よく装備された何万という兵士を擁していたが、国連はこの遠隔地に、追加部隊を早急に派遣できる用意がなかった。したがって、私はUNAMIRが武器庫の手入れをした場合、彼らが対応できないような対立に発展すると考えた。そうなった場合、ソマリアのときのように数十人の隊員が犠牲になるだけではすまず、UNAMIR二一六五人全員が危険にさらされるだろう。

そのうえ、ソマリアを経験した国際社会、とりわけ米国にとって、平和維持でリスクを冒す準備はなかった。非常に小規模の犠牲であっても、安保理は撤退を決めただろうし、ほかの平和維持活動の失敗、さらには平和維持活動全体の崩壊をも招いただろう。

当時われわれが持っていた情報も、手入れに賛同するべきでないことを示唆していた。その後四月に、ダレールの情報提供者が予言したように、一〇人のベルギー兵が拘束されたとき、ダレールは政府軍幹部との会合に向かう車の中にいた。車がある施設を通りかかった際、ダレールは、二人のベルギー兵が捕らえられ、殴られているのを目撃し、ベルギー兵拘束について知った。のちにダレールは、この時、交渉以外に自分はなにもできないことを悟ったと述べている。「あの時、私はすでに、彼らを救出できる兵力を持っていなかった」と語った。ダレールは、これらベルギー兵を救出しようとすれば、ほかの隊員を危険にさらすことになると考えた。これは、一月一一日にダレールからの要請を受けた際に、われわれが抱いたのと同じ懸念だった。

ダレールからの電報は、情報提供者が罠をしかけている可能性を指摘していた。いわれなくても、PKO局はその可能性を疑った。平和維持部隊を操作しようとする勢力はいつでも存在する。情報操作は紛争地帯で展開する部隊がよく経験することだ。アルーシャ協定はぎりぎりのところで存続しており、この情報提供者からの連絡は単一の情報源から突然入ってきたものだった。政府軍でもRPFでも、どちらかが、ダレールが計画したような襲撃がおこるようにしむけ、その結果戦闘が再開するように仕組んだ可能性はあった。

そのうえ、ダレールが提案したような手入れを行うには、事務総長と安保理の承認を得る必要があった。司令官からの電報は、受信されると自動的に事務総長室やPKO局の幹部など一〇人以上に回覧されるものだった。ダレールからの電報は、PKO局と事務総長室に波乱を巻き起こしたが、誰もわれわれの回答に異議を唱えなかった。安保理が、それまでの数カ月主張してきたように、平和維持活動での武力の行使を承認することはないと、みな理解していたからだ。

安保理の雰囲気は悪く、とくに事務局からのいかなる提案も、よくて懐疑的にうけとめられた。事務局は米国から、ソマリアでの失敗に責任があると公然と非難されていた。安保理の意向にそわない提案は、あざけりと怒りの入り混じった反応を生んだ。たとえば、あるとき、ＰＫＯ局の上級軍事アドバイザーであるモーリス・バリルが、私とともに安保理に出席し、ボスニアに「安全地域」を設置する計画についての軍事分析を提供し、現在の状況では、この計画には重大な欠陥があると述べた（これはガレハン以外の事務局の人間が安保理に出席した、まれなケースである）。モーリスは、平和維持活動が成功する条件について自分が安保理のメンバーよりもずっと通じていることを示唆した結果、米国大使のオルブライトと英国大使のデヴィッド・ハネーから「生きたまま皮を剝がれる」ような思いをさせられた、と述べている。その場の雰囲気はまさに「われわれに講義をするなんて、何様のつもりだ」というもので、彼らは言葉を駆使してモーリスを罰した。

こうした制約のなかで、われわれはダレールの電報に回答したのだ。しかし、ダレールからの警告を、慎重に受け止めた。返信で、われわれはダレールに、キガリでのいかなる虐殺計画も阻止するのに最も有効と思われる代替案、つまり外交的アクションを提案した。

情報提供者が信頼できると仮定して……もし暴力行為がキガリで始まった場合、貴官はただちに安保理に、民兵の活動についての情報を報告し、適切な調査をへて責任者をつきとめ、その処遇について安保理に提言を行う立場にあることを、大統領に進言されたし。

われわれの戦術は、ルワンダに強い影響力を持つ国々から、大統領に対し、もし虐殺を共謀すれば、大統領個人にとって極めて遺憾な結果を招くだろうとのメッセージを伝えることだった。

われわれが回答した翌日の一九九四年一月一二日に、国連特別代表のジャック゠ロジャー・ブー゠ブーとダレールは、われわれの指示に従って、フランス、米国、ベルギーの大使と面会した。大使は三人とも、ただちに本国に連絡し、対策を相談すると約束した。のちに安保理のメンバーから、ダレールの情報提供者からの警告について知らされていなかったとの意見があったが、フランスや米国といった安保理の常任理事国はルワンダで、UNAMIRをはるかに上回る情報網を持っていたのだから、それが事実であったはずはない。

一九九四年四月六日、ルワンダのハビャリマナ大統領と、ブルンジのシプリアン・ンタリャミラ大統領を乗せた飛行機が、タンザニアで行われた交渉の帰路、キガリ空港に近づいたところで撃墜された。乗員乗客は全員死亡した。この直後、フツの政府軍による暴力行為が始まった。暗殺の翌日、UNAMIR要員で首相の警護を担当していたベルギーのパラシュート兵一〇人が政府軍に拘束された。この一〇人は、上官リュック・マルシャル大佐から無線を通して、武器を置き、戦闘行為には参加するなとの命令をうけた。その時点で、首相は殺害されており、直後にベルギー兵も殺され、遺体は損壊された。

一月からの懸念はいまや現実になっていた。部隊派遣国は、崩壊しつつある活動から撤退するだろうし、キガリでは虐殺が起こっていた。それに続く数日間にもたらされた報告は、ダレールが警告した以上のものだった。暴力と虐殺は明らかに首都キガリの外におよび、政府軍や民兵、地方の司令官や役人の指示に従った市民の一団が、大っぴらに一般住民を殺害していた。殺害は農機具を使って、前代未聞のペースで行われた。

ベルギー兵殺害計画について、のちにルワンダ政府の高官は「われわれもCNNは見ますから」と発言している。前年のソマリアでの経験から、平和維持要員を何人か殺害しさえすれば、派遣国は撤退を考え、その結果ルワンダの虐殺計画を遂行できると学んだと言っているのだ。よく勉強した、としかいいようがない。陰惨な殺害から五日後、ベルギー政府は、UNAMIRの主力であるベルギー軍の、ルワンダからの即時撤退を発表した。

四月八日、安保理はUNAMIRに、停戦協定のために可能なすべての行動をせよ、との最初の指令を出した。現場では、UNAMIRは、隊員の命を危険にさらさなくては、どのような介入措置もとれない装備しかなかった。四月一五日、ダレールはニューヨークタイムズの記者に「これで八—九日、われわれはただ塹壕のなかに座ってなにもしていない。どれだけ待てばいいのか、それともなにかするべきか。われわれは平和執行活動ではない。……もし、どんな解決策もなく、これから三週間ここに閉じ込められて、やつらがお互い打ちのめすのを眺めているだけしかできないなら、われわれがここにとどまるリスクについて考える必要がある」と述べた。ダレールは部隊を保護する全責任を負い、任務を果たした。ダレールの任期は、この最中に満期を迎えたが、予想されていたように、ルワンダに残る選択をした。ダレールはさらに三カ月非常に危険な状態のなかルワンダに残り、ガーナとチュニジアからの部隊とともに、ルワンダ市民の救出に可能な行動をとった。

ニューヨークでは、ショックと不信が日々増幅していくなか、われわれは次々に入ってくる報告書とニュースリリースを読んでいた。四月二一日までに、暴力行為は組織的かつ集中的に、ルワンダ全体で行われていることが明らかになった。同じ日、安保理はＵＮＡＭＩＲを二七〇人まで削減する採決を行った。介入への関心は皆無だった。米国上院議員で共和党リーダーのボブ・ドールは、安保理の採決数日前にこのように述べた。「ルワンダ問題は米国の国益と関係ない。介入することがないよう願いたい。……ルワンダにはもう一人の米国人もいない。なので、私にとって、もうこの問題は終わりだ」。

四月二一日にガリ事務総長から安保理に提出された提案には、大規模な軍事介入が含まれていた。これはただちに却下された。安保理はルワンダの状況、刻々と増える死者について責任はなく、主要メンバーは、ルワンダで発生している事態がジェノサイドであるとの見解を否定した。しかし、安保理が撤退を決めた二日後の一九九四年四月二三日付のＣＩＡ報告書は、少なくとも二一日の時点で、米国政府がこの状況を「ジェノサイド」であると考え、それについて言及していたことを示している。

ルワンダの事態に、安保理は背を向けたが、想像を絶する暴虐についての報道は続いた。四月二九日、国連難民高等弁務官事務所（ＵＮＨＣＲ）は、二五万人以上が隣国タンザニアに避難しており、これはＵＮＨＣＲの歴史上最大規模の難民の流出であると報告した。それまでに、二〇万人以上がルワンダ国内で殺害されていた。五月初めまでに、国連はルワンダでの虐殺を正式にジェノサイドと表現するようになっており、状況把握のために、イクバル・リザを現地に派遣した。このような、さまざまな方向からの圧力が功を奏し、五月六日に安保理はルワンダについての審議を再開した。事務総長は、PKO局のサポートを受けて、安保理に、事態対応のためのいくつかの選択肢――いくつかの異なるレベルでの兵力を展開する介入を含む――を提出した。その結果、五月一七日に、安保理は決議九一八号を採択し、五五〇〇人の部隊からなるUNAMIRを再創設した(UNAMIRⅡと呼ばれた)。

しかし、どの安保理メンバーも派遣に積極的ではなかった。PKO局は、日夜わき目も振らずに、一〇〇カ国以上に打診を行った。私も自ら何十もの政府に連絡したが、回答は皆同じだった。まともな提案をしてくる国はなかった。私のキャリアの中で、これほど衝撃的な原体験はなかった。窮状についての警告や懸念を表した公的発言がある一方、行動するために必要な資源を提供する意志は欠如していた。ルワンダでの虐殺は、世界中に報道されているのに、誰も助けてくれようとはしない。世界中の政府が、何もしようとはしていなかった。

ジェノサイド――一〇〇日間にわたる八〇万人のツチ人とフツ人穏健派の殺害という驚異的な事実を前に、ようやく認識されたのだが――を終わらせたのは、RPFによる政府軍の軍事的制圧だった。RPFは、ジェノサイドを実行していた政府軍を軍事作戦で蹴散らし、七月に作戦を終了した。結果、RPFによる新政権が樹立された。UNAMIRⅡが発足したのは、こうした事態ののち八月で、そのころにはジェノサイドも内戦も、完全に終息していた。

ＲＰＦの勝利から得た教訓は、ジェノサイドを終わらせ、大規模な文民保護を実行するには、殺害を止めるための軍事的能力と政治的意思が必要であるということだ。しかし、一九九四年には、文民保護のために、断固として武力を行使するという考えも、その前例も、内戦に対する国連の介入システムにはなかった。モガディシオで起こった事件の衝撃もあり、結果は完全な活動停止だった。このあと、何千という民間人が殺害されたもうひとつの戦争の経験――こんどは欧州での――をもってして、世界は加担することの重大さを学ぶことになる。

ボスニア――失敗に直面して

「安保理決議、決議を実行する意思、そして現場の司令官に与えられた手段の三者間の、素晴らしいまでの乖離」というのが、ベルギーのフランシス・ブリクモン将軍が、平和維持活動の司令官を離任する際に述べた、ボスニアの国連ミッションについての辛辣な観察と要約である。この乖離の代償は、例によって、一般市民の死によって支払われることになるが、ボスニアではその規模は、第二次世界大戦以来のものとなった。

失敗に終わった平和維持活動について分析する際、国連に責を負わせるのはいつものことであったし、これからもそうなのだろう。しかし、「国連平和維持活動が危機に瀕した時代」が語られるときに、いつも都合よく忘れられるのは、国連に提供される人的・金銭的資源の不足、部隊派遣国から課せられる、部隊を危険にさらすなという制約、そして安保理の理事国間にしばしば存在する政治的かつ戦略的方向性についての深い断絶といった問題だ。一九九二年から九五年の間、ルワンダやボスニアで、国連は凄絶な戦争の真っただなかで平和を維持するように要請されたが、こんなことは前代未聞だった。

一九九二年三月初め、ボスニア・ヘルツェゴヴィナの状況が劇的に悪化するなかで、私は平和維持担当事務総長補であったマラック・ゴールディングの次席に就任した。冷戦終結に伴うユーゴ解体と、猛烈ではあったが、短いクロアチアでの戦争の後、一九九二年二月に、安保理はクロアチアでのクライナ・セルビア軍［クロアチア領内のセルビア系勢力による軍事組織］とクロアチア政府軍の兵力引き離しを監視するための国連保護軍（UNPROFOR）の展開を承認した。従来型の平和維持原則——受入国の同意、中立性、最低限の武力使用——を固持しつつ、国連平和維持部隊は三カ所にいわゆる保護地域を設け、非軍事化とアクセスの制限を監視した。UNPROFORはユーゴ人民軍（JNA）およびセルビア系の非正規軍のクロアチアからの撤退を確認する任務もあった。非正規軍の大半は、その後、隣接するボスニアで、セルビア系の民兵の後方支援や戦闘に参加することになる。

その二カ月前、一九九二年一月一五日の欧州共同体（EC）によるスロベニアとクロアチアの承認に続き、ボスニアでは独立に関する国民投票が実施された。セルビア系住民はボイコットしたが、当然のように、ボスニアのムスリム系とクロアチア系住民の大半は独立を支持した。四月六日、ボスニアの独立は順当に、EC加盟国の大半によって承認された。そして、これまでは散発的だった戦闘が、新たに承認された国境を越えて、全面戦争に拡大した。

それは一方的な紛争だった。それから三カ月、ユーゴ軍の残党に幇助・教唆されたセルビア系の民兵と準民兵が、残虐な猛攻を行い、約一〇〇万人が家を失った。ビイェリナという町への攻撃は、民族浄化を目的にしてボスニア北東部で次々に展開される殺人、レイプ、略奪と破壊からなる作戦の前例を作った。この攻撃を指揮したのが、準民兵組織のリーダーに転じ、のちには人道に対する罪で起訴される悪名高いプロの犯罪者、ジェリコ・「アルカン」・ラジュナトヴィッチだった。ボスニア・セルビア軍は、極度の残虐さをもって、非セルビア系住民、主にムスリム系の大規模な追放を実行した。追放作戦の実行された町や市の多くは、紛争前に非セルビア系住民が大多数を占めていた場所であった。攻撃は迅速かつ残虐で、ボスニア・セルビア軍に攻略された地域の大部分は、攻撃開始から六〇日以内に平定された。

このような憂慮すべき事態を受け、国連加盟国、とくに安保理の主要理事国からも、国際社会が「なにかするべき」であり、国連がボスニアでの活動を拡大するべきであるという圧力が高まってきた。国連はすでに別の場所で大規模な平和維持活動を実施していたため、ガリ事務総長は、バルカンに関与することに躊躇していたが、フランスのフランソワ・ミッテラン大統領が、現場での壊滅的な事態に照らし、なんらかの手段を講じることを促した。ガリはその要請にこたえ、一九九二年五月に、マラック・ゴールディングをボスニアでの現地調査に派遣した。目的は、ボスニアで平和維持活動を展開する可能性の調査だった。ゴールディングは、現在進行中の紛争、とくにＪＮＡに指示されたボスニア・セルビア軍が、以前は多民族が混住していた地域において、非セルビア系住民を威嚇によって追放あるいは殺害することで、「民族浄化」された領域を作り出そうとしていることを報告した。しかし、ゴールディングは「この紛争の現段階では、国連平和維持活動による解決は不可能である」とも報告した。ガリはこの結論を受理し、安保理も五月一五日に了承した。

このときまでに、戦闘が原因で、サラエボのUNPROFOR司令部のスタッフは国外に退避していた。四月末にモスタル地方に約四〇人の軍事監視員を派遣していたが、ボスニア・セルビア軍がボスニア北東部の大部分を制圧していたこの時期に、国連は非常に限られた人員しか派遣していなかった。ボスニア・セルビア軍によって、何千人もの、とくにムスリム系の住人が殺害されたり、家を追われたりしたが、こうした蛮行は、UNPROFOR要員のほとんどに目撃されなかった。

ボスニア・セルビア軍によって支配された地域での恐るべき状況は、とくに国外に逃れた難民の数が急増するにつれ、国際社会に明らかになっていった。冷戦終了を経験したばかりのヨーロッパは、共産主義体制から民主主義への移行は秩序を維持したまま平和裏に行うことが可能であると理解していただけに、一九九二年夏にボスニアで発生した惨事は、非常に不穏なものであった。鉄条網の向こうに群がる、異常なほどに痩せ衰え、怯えて傷ついた拘束者の映像は、ヨーロッパ史上最悪の記憶を呼び起こすものだった。同時に、この紛争では継続的かつ組織的なレイプも行われていた。とくに忌まわしいのは、ボスニアの女性がセルビア兵や民兵の思い通りに扱われる「レイプ・キャンプ」の存在だった。

従来型の平和維持活動が不適切という、一九九二年五月に下された結論を変えるような条件はなかったものの、なんらかの手段をとるべきだという声は大きくなっていった。六月に、UNPROFORの部隊がセルビア勢力からサラエボ空港を奪還し、これ以来、戦争が終結するまで、人道援助の供給路確保を可能にした。しかし、ボスニアにおける最初の重大な国連活動の拡大は九月に、安保理が、サラエボとその他の地域の破壊的な状況への対応として、UNHCRの人道援助物資提供車両を保護するために、UNPROFORの兵力拡大を許可した際である。

あきらかな戦闘状態に部隊を派遣したにもかかわらず、派遣国は追加部隊が「国連平和維持の確立された原則と実行」に従って活動することを主張した。この主張は重要かつ明白だった。この段階では、いや実は一九九五年夏のスレブレニッツァの陥落までは、「なにかしなければ」のなかに、戦闘行為は含まれていなかった。この点については、少なくとも常任理事国とUNPROFORへの主要派遣国の間に了解があった。

事務局は、この事態を避けがたい現実とみた。PKO局の局長として、私は、信頼に値し、かつ洞察力に満ちた特別補佐官のシャシ・タルールとともに部隊派遣国との定期的な会合に幾度となく出席した。しかし、そのたびに、どの国も戦争状態にある国に派兵したくはないのだと納得させられた。戦闘状態に将兵を送るとは、彼らを「不必要な」リスクにさらすことなのだとの説明をうけた。紛争が継続するにつれ、国際メディアや、主要国連加盟国は(特に米国とドイツだが)、公然と、かつ全く正しいことに、国連が主張する、武力を使わない平和維持の実効性について疑問を投げかけるようになった。このような国々は、兵士を危険にさらす可能性が低く、しかも効果の高い空爆を使用することを提案した。

しかし、安保理はＵＮＰＲＯＦＯＲの戦闘参加を否定する決議を採択しつづけた。総計約四万人の平和維持要員が派遣されたが、ボスニアでの活動は、純粋な平和維持活動に留まった。軽装備で、限られた機動力と戦略的予備装備しか持たずに各地に拡散され、脆弱なロジスティクスだけで、任務を実行するためには当事者の同意が必要、というのがＵＮＰＲＯＦＯＲの実態だった。

その結果、国連は事実上ボスニアの一般住民を見捨てたのだという意見がある。しかし、世論は戦争被害者に同情するあまり、何が国連の任務遂行を妨げたのか、そして実際国連が何をしていたのか、をしばしば理解できないことがあったと思う。

旧ユーゴに展開した国連平和維持活動は、もともと三つの主要な目的のサポートのために派遣された。一つは紛争による人びとの苦痛を軽減することである。具体的には、サラエボ空港を確保し、空輸を維持すること、ＵＮＨＣＲの食糧と医薬品の配布活動を支援し、ＵＮＨＣＲの倉庫と他の国連施設を保護すること、その他の人道援助団体を保護し、要請があれば、赤十字国際委員会（ＩＣＲＣ）が組織する、解放された抑留者の輸送を保護する、などの活動だ。これは非常に大規模かつ複雑なオペレーションで、多数の平和維持要員や人道援助従事者が命をおとした。一九九五年末までに、空輸活動は一六万トン近くの食糧を一万三〇〇〇回の出動で運搬し、ＵＮＰＲＯＦＯＲに護衛されたコンボイは、陸路で八五万トン以上の物資を運搬した。

国連の二つ目の主要な目的は、紛争が旧ユーゴのほかの地域、または旧ユーゴの外に拡大しないように封じ込め、その影響をできるだけ軽減することにあった。これには、紛争当事者にあらゆる制限を課すことが必要で、一九九二年一〇月に採択されたボスニア上空の飛行禁止設定、武器禁止地域、国連部隊の予防展開などの措置がとられた。予防展開は、国連史上初の活動で、一九九二年一二月に旧ユーゴのマケドニア共和国に展開された。

第三の目的は、地域レベルでも戦略レベルでも、紛争当事者間の平和的解決を手助けすることである。この目的のため、国連は局地的停戦と、包括的な政治的解決の双方のために交渉した。後者は旧ユーゴ国際会議と、一九九四年四月に発足したコンタクトグループへの支援も含んだ。

これらはすべて重要なゴールであったが、国連の活動にとっての明確な政治的目標を構成するものではなかった。平和維持要員が派遣されたのは、ボスニア紛争を終わらせるためでも、紛争当事者の一方について戦うためでもなかった。

一九九三年までに、約六万人のムスリム系住人が閉じ込められた飛び地のスレブレニツァは、過激な民族浄化の威嚇を行うボスニア・セルビア軍に包囲され、連日砲火にさらされていた。その結果、一九九三年四月一六日に、安保理は「すべての当事者はスレブレニツァとその近郊を、軍事攻撃やその他のいかなる敵対行為が行われるべきでない安全地域として扱う」ことを要請した。数週間後、安保理はジェパ、ゴラジュデ、ビハチ、トゥズラ、そして首都サラエボの五カ所も、安全地域に指定した。

スレブレニツァの「安全地域」指定は、暴力の一時的小休止以上のものではなかった。周辺への戦闘と、スレブレニツァへの砲撃は増大し、間もなく安保理が「安全地域の安全を保証する」という公約を見直す必要があることが明らかになった。

五月半ば、パレに置かれた自称ボスニア・セルビア人議会は国連特使のサイラス・ヴァンスと欧州共同体代表のオーウェン卿が提示した和平案を拒否した。その後、当時安保理のメンバーであったベネズエラが議長の非同盟会合と米国が、ボスニアへの武器禁輸解除とボスニア・セルビア勢力の標的へのNATO空爆の抱き合わせも含めた、より「強力な」行動を呼びかけた。ボスニアに大規模な派兵をしており、米国の空爆案に強く反対する英国とフランスは、別の選択を模索し、その結果、一九九三年六月四日に安保理決議八三六号が採択された。決議は安全地域でのUNPROFORのマンデートを再度延長し、その保護への責任を再確認し、安全地域とその周辺での空爆を許可するものであった。

この当時、実のところ、私はこのボスニアでの新たなプランの複雑さと、派兵数を増大させることの困難を認識していた。兵力は危険なほどに薄く広く展開していた。また、決議のあいまいで不正確な言い回しにも、危惧を抱いていた。安保理のメンバーが、兵力の不足について指摘されるのに辟易しているのはわかっていたが、安全地域を保護するプランに必要な人員の問題について、私は懸念を表明する決意をした。

しかし、共同派兵国である英国、フランス、ロシア、スペイン、米国のいずれも、さらなる派兵には同意せず、すでにボスニアに駐留している部隊を、新たに創設された安全地域に移動させようともしなかった。このことは憂慮するに十分だったが、私は特に、決議の三つの面について明らかにする意欲があった。「抑止」という文言が正確に意味するところ、各国が安全地域の非軍事化について思い描いているもの、そして空爆が正当化されるに必要な条件と、誰の権限で空爆開始を許可するのか、という点である。私は、当時ボスニアの司令官の任にあったラース・エリック＝ヴァールグレンに、安全地域の概念がなにを包含するか、とくに、どうすればこの概念が説得力をもつか、また現存の兵力をもって実行することが可能であるか、について幕僚研究をまとめてほしいと依頼した。

提供国との会議において、私はＰＫＯ局の軍事顧問のモーリス・バリル将軍にＵＮＰＲＯＦＯＲについての幕僚研究のさわりを、口頭で説明するよう依頼した。それによると「安全地域の概念を確実に実践するには」三万二〇〇〇の追加兵力が必要であるとのことだった。私はそれだけの追加兵力の派遣は無理だとわかっていたが、安全地域を約束することが何を意味するかについて、各国にできるだけ理解してもらう決意でいた。共同派兵国、とくに英国とフランス、そして米国は、この研究結果を聞いて怒りをあらわにし、ＰＫＯ局が無能で、職務をきちんと果たせていないと糾弾した。各国が望んだのは、フランスがすでに提案していた「最低限」オプション、つまりたった五〇〇〇人の派遣であった。

英国国連大使のデヴィッド・ハネーはとりわけＰＫＯ局の仕事に不満足で、歯に衣を着せなかった。

決議の実際の文言について、ハネーははっきりと次のように説明した。「安全地域への攻撃を抑止する」という表現は「防衛する」という言葉を避けるために意図的に選ばれ、同様に「軍と準民兵組織の撤退を促進する」は「保証(ensure)または執行(enforce)」の代わりに選択された表現だった。部隊提供国はUNPROFORが実際の軍事力ではなく、安全地域に駐留することで「抑止力」を発揮することを期待しているとハネーは強調した。安全地域の非軍事化については、UNPROFORはボスニア政府から「保証をとりつける」よう努力し、可能であれば「自発的な合意」を得られるよう交渉するべきであるとのことだった。ヴァールグレン将軍に会議についての報告をしなくてはならなかったが、私は、参加六カ国のいずれも「安全地域を効果的に防衛する部隊を想定していないようである」ことと、さらに決定的なことに、どの国もUNPROFORにこれ以上の兵力を派遣する意思がないことを書き綴った。

共同派兵国は、その立場を正当化するために、安全地域の創設は全面的な政治的解決をみこんでの「一時的措置」に過ぎないと強調した。しかし、「一時的」措置が恒久的になり、独自の存在意義を獲得することを、われわれは知っていた。さらに、一時的であっても、この種のかかわりが、人びとの期待をつのらせるのは避けがたく、また、PKO局から見ると、決定的なことに、この取り組みは人的・財政的資源を必要とした。最低限のオプションですら、われわれには不可能な状況で、限られた資源で切り抜けることを余儀なくされたのだ。

その当時、PKO局からの動きを制限する、いくつかの根本的な政治力学が作動していた。最も重要だったのは、この紛争をめぐってほとんど常態的に存在した、安保理の主要メンバー間の分裂である。すなわち、英国とフランスが、米国と対立していた。対立の主眼は、バルカン紛争の性質と、PKO局にとって決定的なことだが、現地での的確な対応についてである。当時展開されていたカンボジア、エルサルバドル、モザンビークなどの成功例を含めた、ほかの平和維持活動と違い、安保理メンバーと部隊派遣国間の合意は、どのようなアクションが必要であるかという定義より、活動の必要性をめぐるものだった。ボスニアでは、国連平和維持活動を支援するための空爆が常に合意を阻害する原因であった。

実際にボスニアに派兵している国々(主に欧州の)と、派兵をしていない米国との間に乖離があった。欧州諸国は、空爆が地上にいる派遣部隊を危険にさらすことを恐れていた。空爆の結果、平和維持部隊は、想定外の軍事的反撃に直面するかもしれない。しかし、米国は、問題を解決しセルビア勢力を止めるには、空爆だけが可能な手段だと考えていた。フランスをはじめとする諸国は、空爆をするなら現地の部隊が応戦するに可能なだけの態勢を整えるべきだと要求した。

第二に、加盟国は新たな派兵に消極的であったし、またすでにボスニアに駐留する兵力を新たな任務のために移動する準備もできていなかった。派遣国の政府は、現場の部隊と直接連絡する傾向があり、これは司令統一化に支障をきたした。

第三に、派遣国は戦闘に従事する権限のあるミッションよりも、平和維持活動にとどまることを好んだ。しかし、安保理決議はますます問題解決のための強固な行動を訴えるようになっていたので、ブリクモン将軍が述べた「素晴らしいまでの乖離」が発生した。

つまり、私とPKO局の同僚の多くにとってこの複雑な状況は、一部の加盟国により、しばしば見落とされ、または意図的に無視された。PKO局では、ボスニア・セルビア軍とそのベオグラードの同盟者が、ボスニアでの悲劇的な事態や彼らの欺瞞、民族浄化作戦が引き起こす筆舌に尽くしがたい恐怖と苦難の責任の大部分を負っていることは疑問の余地がなかった。しかし、現場ではUNPROFORが看過できないほかの側面があった。たとえば、ボスニア軍とザグレブに支援されたクロアチア防衛会議との残忍な戦闘は、米国ではほとんどボスニア紛争の一部として認識されなかった。しかし、この戦闘ではスレブレニツァをのぞけば、最も恐るべき残虐行為がストゥプニ・ドと孤立したメダックで一九九三年九月に行われていた。

一九九五年春までに、ボスニアでもう一年「切り抜ける」ことが不可能であることはますます明らかだった。三月中旬に、ルパート・スミス将軍はボスニアの司令官としての最初の指令のなかで、現在の停戦協定をこれ以上発展させる国連の努力は失敗しつつある一方、紛争当事者による戦闘準備は強化されつつあると述べた。ボスニアの平和維持軍は、非常に薄く広く展開した結果、事実上防衛能力を持たず、五月二五日と二六日のNATOによるサラエボ周辺の空爆の後、五月末に発生した約四〇〇人の国連職員の拘束によって、その脆弱性はさらにあからさまになった。これらの職員は空爆への報復として人質になった。それだけでも屈辱的だったのに、セルビア勢の戦術に仕方なく同意するかのように、空爆も停止した。部隊派遣国のこの危機への反応――兵力削減とUNPROFORの平和維持としての性質の再確認――は、五月三〇日付の安保理への事務総長報告で明らかにされたように、われわれが直面するジレンマを先鋭化しただけであった。報告書は、UNPROFORはいまだに「維持するべき平和のない戦闘状態に派遣された」〔紛争開始から〕三年以上経過していたが、と結論付けていた。結果として、国連のボスニアでの活動は、疎外され、標的にされ、補給もままならず、移動すら制限される状況にあった。しかし、言うまでもなく、国連が直面した制限など、生死を争う紛争から脱出する可能性もなく、囚われの状態になったボスニアの一般市民が直面したものとは、比較にもならなかった。

一九九五年七月一一日、安保理が安全地域を保護するために真剣な行動をとる意思がないことが明らかになったのち、ラトコ・ムラジッチ将軍の指揮下、ボスニア・セルビア軍はスレブレニツァを攻略した。この事態については、スレブレニツァが陥落から数日して、何千という若い男性と少年の行方がわからなくなり、何千という女性たちが毎日絶望的に夫や息子がどこにいるかを探すようになってから、徐々に報告されるようになった。時間がたつにつれ、最悪の事態が明らかになってきた。スレブレニツァ攻略から数日以内に、数千人のボスニア・ムスリムの男性と少年がセルビア勢力によって即決処刑されていた。処刑された人の多くは、ボスニア政府の支配地域にたどり着こうとするなかで、情け容赦なく殺害された。この残虐行為の犠牲者の数は、いまだに確定されていないが、少なくとも八〇〇〇人のムスリム人がスレブレニツァ陥落の直後に殺害されたと確認されている。

同じく安全地域であるジェパはこの直後に陥落するのだが、われわれはこの結果、安保理はついにより強硬な行動を起こすのでは、と期待した。しかし、私はよく覚えているが、七月二一日に、スレブレニツァとジェパの陥落後にロンドンで開催された防衛相の国際会議において、今後の指針について、出席国の間で、大きな違いが認められた。会議では、もしセルビア勢力が残存するムスリムの飛び地であるゴラジュデを攻撃するなら、［NATOは］空爆をする用意があるとの発言があったが、私はこの提案がどれだけ真剣なものなのか、疑いをもたずにはいられなかった。

しかしながら、この段階までに、いくつかの救命措置の準備はできていた。まず、国連部隊は、遠隔かつより防衛されたポジションに配置されており、ボスニア・セルビア軍が五月に実施したような、人質作戦の被害を受けない状況にあった。第二に、六月初めに、欧州諸国は英国、フランス、オランダの軍隊で構成された緊急対応部隊（RRF）を創設していた。RRFは当初、UNPROFORが撤退する際の人員不足をカバーするために創設されたのだが、RRFには、実際七〇〇〇人からなる正規かつ充足した、戦闘能力のある部隊が派遣されていた。一九九五年二月に着任したUNPROFORの優れた司令官であるルパート・スミス将軍は、RRFに配属された重火砲を、サラエボをとりまくイグマン山に配備した。

スミス将軍の配下で、UNPROFORは変貌し、ついに力のある軍事部隊になった。この第三の変化は、UNPROFORを支持するためにNATOの空爆使用についてのルールを変化させることだった。空爆の認可については、米国と、ボスニアに地上部隊をすでに展開している欧州諸国の間で対立があった。七月二一日のロンドン会議はセルビア勢力に対し、もしゴラジュデを攻撃すれば、空爆の可能性があるとの警告を発した。この誓約は、すくなくとも風前の灯の状態にあったスレブレニツァにとって、既存の二重構造――つまり、NATO司令官と国連事務総長が空爆を承認しなければならないというもので、それが厄介で極めて遅いとされていた――の変革を要求するものだった。この状況は、より柔軟な対応を必要としていた。

ことのなりゆきは、もう一つの決定的な出来事に支配されてもいた。それはクロアチア軍が一九九五年五月の西スラボニアでの攻撃に続いて、八月初めにクライナ地方を奪回しクロアチア全土を掌握するための「嵐作戦」を実施したことだった。クロアチアの迅速な成功は、米国を主とする国による暗黙の援助に多くを負っていた。ボスニアでの蛮行に引けをとらない残虐な作戦によって、何千というセルビア系住民が、クロアチア軍によって立ち退きを余儀なくされた。このような作戦に従事していたにもかかわらず、クロアチア軍はひきつづき、ボスニアのセルビア勢力の弱体化にも成功していた。

ボスニア紛争による死者は一〇万人近くに達していたが、決定的な軍事作戦を誘発したのは、一九九五年八月二八日にサラエボに落ちたたった一つの砲弾だった。人びとがパンを買う行列を作っていたサラエボ中央市場への砲撃で、三九人が死亡した。世界各地のメディアは、瞬時に怒りにみちた反応を示した。ボスニアではすでに数年にわたり残虐行為が行われ、その数カ月前には変化が起こっていたのだが、ついに、もう許すべきではない、という風潮が出来上がったようだった。

初日だけで、米国、英国、フランス、スペイン、オランダが一〇〇機以上を投入した空爆を実施し、サラエボの南と東に位置したセルビア勢力の二四の拠点を破壊した。ボスニア・セルビア勢力の本部が置かれたパレ近郊も攻撃にあった。この空爆は、安全地域への攻撃を抑止する目的で以前に行われた、蜂の一刺しのような、象徴的な空爆とは違った。高速爆撃機は、武器庫、司令・コントロールセンター、重火器隊列、地対空ミサイル砲台を攻撃していた。肝心なことは、UNPROFORの部隊は安全な場所に退避しており、要員が空爆への反撃を受けたり、人質にとられる心配がなかった。一日余りにわたる空爆で、NATOの戦闘機は三五〇〇回以上出撃し、四〇〇近い標的を攻撃した。RRFの重火器部隊が空爆を援護した。RRFのイグマン山の部隊は、イグマン山からサラエボへのルートやサラエボ自体を攻撃するセルビア勢力を無力化することに成功した。これがデリバリットフォース作戦であり、この作戦の結果、クロアチア軍によって既に弱体化されていたボスニア・セルビア勢力の拠点を破壊した。

この段階において、ボスニア・セルビア勢力は、事態に見切りをつけたいベオグラードのミロシェヴィッチからの圧力も受けていた。安保理は立場を固め、平和維持を強固に拒絶し、戦争を選択した。この結果、ボスニア・セルビア勢力は大幅に弱体化し、交渉のテーブルにつくことを余儀なくされた。数週間で、セルビア勢力の支配地域は七〇％から五〇％にまで激減し、九月一七日にはサラエボ周辺から重火器のほとんどを撤退することに応じた。一一月までには、すべての勢力が米国オハイオ州デイトンで開催されることになった和平交渉に参加せざるをえなくなった。

米国のホルブルック大使が見事に導いたデイトン合意と呼ばれるこの交渉結果は、ついにボスニアでの戦争と、人びとを苦しめた残虐行為を終結させた。これは簡単に合意された平和ではなかった。ボスニア社会は深く長引く傷を負った。この合意には、とくにセルビア系、クロアチア系、ムスリム系の各コミュニティをどのように統治し、治安を維持するかについて多くの矛盾や対立点が残った。しかし、この平和はいまのところ二〇年近く続いている。

邪悪との共謀

「少しだけ妻と二人にしてくれませんか」と私は周りをとりまく政治家、補佐官そしてジャーナリストに頼んだ。私の眼前には、多数の随員をはるかに上回る何百という数の頭蓋骨とほかの部分の骨――明らかに無理に折られたものもあった――が、緑色の防水シートに覆われた簡単なテーブルの上に積み重なっていた。キガリの南東四八キロ、なまこ板の屋根がついた木造の建物の中に、これらの遺骸が展示されていた。群衆から離れて、妻のナーネと私は数分の間、沈黙のままそこに佇んでいた。四年前の一九九四年にルワンダで発生した苦痛の象徴は、なによりも雄弁だった。

その前日、一九九八年五月七日、国連事務総長に就任してまもなく、私はルワンダ議会で演説をした。私は国連の最高責任者として、国連の注視するなかで最大級の惨事に遭遇したこの国に公式訪問を行うことが非常に重要であると考えた。私はこの訪問を公式に「癒しのミッション」と呼んだが、実際、政治的にかなり困難な訪問となった。演説のなかで、私はルワンダでの国連と国際社会の失敗を全面的に認めた。「邪悪が支配したときにおいて、世界がルワンダを見捨てたことを、われわれは認めなければならない。国際社会と国連は、邪悪に立ち向かうための政治的意思を参集することができなかった。世界はこの失敗を、深く悔いる必要がある」。そして、私は「ルワンダの悲劇は、世界の悲劇である」と続けた。

演説の後にレセプションが予定されていたが、会場に向かう途中、大統領と閣僚が、怒りを表明してレセプションをボイコットすることを決定し、さらにそのことを国内に広く喧伝する手続きをとっていることが明らかになった。大統領報道官は間もなく、ボイコットの理由は、演説の中での「ルワンダ人を侮辱する高慢さ」の表明であると発表した。演説のなかで、私はルワンダの恐怖は「内側から発生した」と述べたが、これが批判の原因だった。この一節は、本来物議をかもすような意図で述べられたわけではない。国際社会と国連が、十分な行動をとることができなかったのは事実だが、ルワンダの苦難の原因は、国内に巣食う魔物だった。これは、ルワンダが直面する大規模な課題、とくに民族間の和解についての、証左の意味を込めていた。和解は、ルワンダにおける最大の課題であり、またそうであると認められる必要があった。また、私は、国連と国際社会にルワンダの悲劇の最大の責任があるという考えを認めることは、国連にもルワンダにとっても逆効果であると考えていた。

記者会見で私が強調したように、問題は国際社会が一丸となって、とくに国連を通じて、対応することを拒否したことにあった。国連平和維持軍は当時ジェノサイドを止める力を持っていたのに、なにもせずに見ていたという間違った意見がルワンダ国内で広く信じられ、もはや事実として受け入れられていた。ルワンダに駐留していた国連部隊のみでは、ジェノサイドを止めることはできなかった。ルワンダに派遣されていたのは平和維持部隊である。平和維持部隊は、当事者双方からの信頼を得るためにあえて力が弱く脆弱な形をとっている。しかも当時ルワンダに実際いた部隊は、人員と装備の不足から、本来意図される以上に弱体だった。確かに、UNAMIRはより多くの命を救うために増員されるべきだった。しかし、国を挙げてのジェノサイド作戦を止めるには、まったく違う形の兵力、国全体を占領しジェノサイドを終結させたルワンダ愛国戦線と同じくらいの戦闘能力を擁した部隊が必要だった。

一九九八年、ルワンダ訪問から間もなく、私は国連平和維持活動の改革の包括的なプロセスを開始した。最初のステップは、近年の失敗を、完全かつ正直に認めることだった。昨今の紛争で発生した最悪の残虐行為に、国連はなんらかのかかわりをもってきた。これは組織にとって恐ろしい汚点である。しかし、この苦い教訓とショックは、改革をうながす生産的かつ強力な牽引となった。この過程で、私は二つの報告書の作成を委託した。一つはボスニアでのスレブレニツァ虐殺を招いた国連の失敗についての調査であり、もう一つは、ルワンダのジェノサイドの初動から対応における国連の失敗の原因をさぐる調査である。この二つの報告書は、一九九九年一一月と一二月に完成し、私のもとに届けられた。これらの報告書は、さまざまなアクターについて批判的であり、批判の対象は特に加盟国とその政治的指導者だったが、国連事務局、正確にいえば私の以前の所属先であったPKO局も含まれていた。

つぎのステップに進むため、私はこの二つの報告書に現れた厳然たる調査結果を、国連平和維持活動から学び改革する基本的プロセスを始めるために利用することを、安保理に報告した。私は、両報告書の全文を、改訂することなく公にするように指示した。これに反対する助言もあったが、受け入れなかった。完全に率直、正直かつオープンであることなしに、真の改革と癒しのプロセスは始まることはないとわかっていたからである。

これに続いたのが、いわゆるブラヒミ報告である。私は、驚くほど有能かつ経験豊かな外交官のラフダール・ブラヒミを、冷戦後の世界での平和維持活動の改革になにが必要であるかを調査するハイレベル有識者パネルの議長に任命した。審議終了後、二〇〇〇年六月二一日に、私は報告書を安保理と総会に提出し、また一般に公開した。

報告書は、内戦状態における活動が、国連平和維持活動にとって最も重要な質的変化であることを指摘した。交戦当事者との合意、中立性、自衛目的のみの武力行使は、依然として、平和維持の基盤でなくてはならなかった。そうでなくては、平和維持部隊は当事者に受け入れられないだろう。しかし、内戦に伴う流動性は、平和維持部隊を、当事者間の力と攻撃のバランスの変化に対して、より脆弱な立場に置き、また優勢を競う交戦者による巧妙な駆け引きに傾倒しやすくした。これは、平和維持部隊には、より説得力のある自衛手段が必要であることを意味した。

ブラヒミ報告は、平和維持と平和構築の統合の必要性を強調した。内戦後に平和協定を維持するには、長期的な開発努力を含む、従来の平和維持を越えたさまざまな活動が必要である。平和維持活動を長期的な意味で達成し、平和を持続させるには、平和維持活動のなかに、従来なら国家建設とみなされてきたような活動を取り入れる必要があった。

報告は、事務局、安保理、そして部隊派遣国が、とくに状況が急変する危機的状況にあって、さらに密に連絡し協調できるような、関係改善の必要を強調していた。しかしながら、いかに非機能的でも、この三者関係は、置きかえることができないものだ。したがって、部隊派遣国は、平和維持活動のマンデートが形成される段階やその他重要な決定が下される際には必ず安保理メンバーや事務局と直接協議する機会を与えられなくてはならない。さらに、事務局はこうした過程において、より強力な勧告能力を発揮するべきであり、安保理に対して、確固たる専門的意見、安保理が喜ぶような意見ではなく、耳が痛くても聞くべき意見を提示するべきである。

ブラヒミ報告はこれらの問題のほか、平和維持に関するドクトリン、戦略、意思決定についても触れていた。しかし、ブラヒミ報告が言及しなければならなかった最大の問題は、平和維持をめぐる騒動の震源、すなわち邪悪との共謀である。ブラヒミ報告は以下のように述べている。「国連平和維持要員は、軍であれ警察であれ、民間人への暴力行為を目撃した際は、それを止める権限があると推測されるべきである」。平和維持要員は、自分たちを保護してくれるのだと考えている人びとが残虐行為にさらされているのを、だまってみているというような事態は、二度と繰り返されてはならない。しかし、報告は、平和維持要員は、当然ながら「自らが持つ手段」のみしか駆使できないことも指摘している。

これは重大な問題であった。平和維持活動の一貫した弱点は、内戦における残虐行為を止めるために、ほとんど何もできないという点だ。ブラヒミ報告も指摘しているように、このような現状において、国連加盟国、とくに安保理は重大な責任を持つが、彼らは、介入の意図がないことを隠し、武力を用いた人道的介入への要請をやんわりと拒否する手段として、平和維持活動の派遣を行うべきではない。

いかなる紛争においても、平和維持要員が力の均衡を決定的に変更することはできない。この意味で、平和維持活動は二義的な手段にすぎず、一義的手段ではないのだ。これは強調しておきたいのだが、一定の状況下では、平和維持活動は目覚ましい成果を挙げることができる。冷戦中や、一九九〇年代初めの中米、モザンビーク、ナミビア、またカンボジアでの大規模な活動などがその例だ。平和維持活動は、戦闘地での状況を変える軍事的能力を有していない。戦争の趨勢を決めるのは、戦争当事者の関与、および現場での力の均衡に影響を与える国際社会の関与である。ほかの軍事勢力を撃退する能力のある、完全装備の戦闘部隊の派遣のみが、内戦の戦況を変えることができる。最終的に平和維持軍を再編成し、当事者の一方を攻撃するという決定がなされたボスニアが、この例である。

私が国連の幹部であった時代の功績について自ら語ることを許されるなら、平和維持活動を、冷戦期の国家間紛争に限定して構想された比較的単純な手段から、冷戦後の代表的な紛争形態である複雑な内戦を解決するための、価値ある手段へと改めたことだろう。この証拠に、一九九〇年代半ばの混乱の後、平和維持活動は、一部の予想に反して、消え去りはせず、むしろ改革の流れにそって強化され、内戦状態に引き裂かれた地域に繰り返し派遣されるようになった。現在、紛争に起因する死者数が最も多いのは、このような内戦状態においてであり、したがって、そこには平和構築への貢献が求められている。実際、一九九二年以降、平和維持活動のほとんどが、国家間の紛争とは言えない状況に派遣されており、本稿執筆現在、世界の一六カ所で、一〇万人近い平和維持の制服要員が活動している。

しかし、決定的な事実は、一九九〇年代初頭に国連平和維持活動が直面した最大の問題は、国連平和維持活動によっては解決できないということだ。われわれは、平和維持の現場での威信を守り、維持するために、ブラヒミ報告の提案にのっとり、活動運営を時代に適合させるなど、できるだけのことをしてきた。しかし、改革は一九九〇年代初頭に経験した問題、つまり国際社会が現場で何が起こっているか十分理解しながらも、事態を黙認し、よって邪悪と共謀するにいたったという問題を解決するには至っていないのだ。部隊の実行能力への構造的な制約はさておき、国際社会は決然として介入するべきであり、また介入することができた状況があった。

なによりも、ボスニアとルワンダの教訓を胸に、私はＰＫＯ局を去り、事務総長に就任した。内戦状態での邪悪は、紛争指導者の意志によって生じるが、そのような邪悪を、国際社会は、必要とあれば武力をもって取り締まり、立ち向かい、くい止めなくてはならないのだ。しかし、私が事務総長の任にあった間、国際社会、外交団、世界の首都のあらゆるところに、そのような目的での武力行使は国連憲章の視点から許されないといって譲らない声が多くあった。

したがって、事務総長としての私の最大の課題は、重大な人権侵害に際しての介入の正統性と必要性についての理解を新たに広めることであった。

第二章

国家主権と人権

——コソボ、東チモール、ダルフール、そして保護する責任

東チモールを残忍な内戦の危機から救った後,
国連は独立への移行に責を負うことになった.
セルジオ・ヴィエラ＝デ＝メロ(左)はこの複雑な任務を主導することになり,
勇敢なシャナナ・グスマン(右)が率いる新国家の誕生を見事な手腕で監督した.
(Sergey Bermeniev)

東チモール、午前零時五分前

「私たちはあなたの手中にいるのです」とシャナナ・グスマンは言った。一九九九年九月五日、私はインドネシアの首都ジャカルタにいる東チモール独立運動の指導者に電話をかけていた。その六日前に行われた、国連主体の住民投票の後、東チモールはインドネシア軍の民兵による容赦ない暴力にさらされていたが、彼は以来自宅軟禁の状況にあった。われわれが予想した最悪の結果が現実になろうとしていた。シャナナは、当惑していたが、冷静かつ強い決意をうかがわせる声で、東チモールが「新たなジェノサイド」の危険にさらされていると警告した。私は、蛮行を止めるためにできることすべてを行うと告げ、これから数日間、身の安全を十分注意するようにと言って、電話を終えた。もし東チモールの首都ディリで虐殺が始まれば、ジャカルタにいるシャナナも安全ではいられない。

この会話に先立つ数週間、私は公式にも個人的にも、東チモールが長年待ちわびた、自らの運命を決定するための住民投票の結果、暴力的事態が発生する脅威について各方面に警告してきた。住民投票への過程の交渉で、私は秘密裏にインドネシアのバハルディン・ユスフ＝ハビビ大統領と親密な関係を築いてきた。さまざまな機会から、前年に、インドネシアの長年の指導者だったスハルトの後を偶然に継いだこの人物が、東チモール紛争を平和裏に解決する決意があることを私は確信していた。

しかしハビビにそれを成し遂げる能力があるかは、別の問題だった。大統領は、東チモールで、地元の民兵とともに活動している国軍をコントロールできていなかったし、彼らが実行している殺害や焼き討ちについての正確な情報も伝えられていなかった。私は五日前に大統領に電話し、投票が基本的には平和裏に行われ、また有権者の大部分が投票に行ったことを喜ばしく思う、と伝えた。ハビビは、インドネシア政府は「悪意なく」行動し、「人びとによるいかなる決定も受諾し、かつ尊重する」と私に伝えた。もし住民投票の結果が、インドネシアからの離脱であるなら、軍と警察を撤退させる用意があると率直に述べた。しかし、投票の結果も、おなじくらいはっきりしていた。約八〇％がインドネシア領としての自治という選択を拒み、完全独立に投票していた。

しかし、東チモールの現場では、恐るべき現実が始まりつつあり、国連と国際社会に強力な国家における分離プロセスを管理する意思と能力があるかが試されることとなった。シャナナとの会話が行われた時点で、私は東チモールの治安を回復するには国際部隊の派遣が不可欠との結論に達していたが、それはインドネシア政府の合意があってのみ可能であるともわかっていた。それからの数日、私はこの件に徹底的に集中した。平和維持に関する経験から、介入部隊提供国の中の一国が、指導的役割を果たすことが重要であることを知っていた。シャナナから東チモールの人びとを脅かしている暴力の規模について警告を受けたその日に、私はオーストラリアのジョン・ハワード首相に連絡した。略奪と殺害が東チモール全土に拡大するなか、私はハワード首相に、この暴力に終止符を打つための権威をもつ多国籍介入部隊の主導を、オーストラリアにとって欲しいと依頼した。

期待を裏切らず、オーストラリアはこの依頼をただちに承認したが、この時点で、私はまだハワードに、ハビビの合意を得ていないことを伝えていなかった。同日、ハワードとの会話の後に、クリントン大統領とも電話会談を行ったが、クリントンの懸念は、米国の同盟国であるインドネシアへの介入には安保理の承認が必要であるということで、米国がそのような介入活動に参加することについて、議会から強い反発があることを示唆していた。クリントンは現地の状況の緊急性を受け止めてはいないようだった。一方で、私の友人で米国国連大使であったリチャード・ホルブルックは、私に東チモールの情勢は「スレブレニツァ再び」であるのか、と質問してきた。さらに彼は、米国政権内で、なにをするべきかをめぐってボスニア紛争時と同じような分裂が起こっていることを知らせてくれた。

当時明らかであったのは、米国はもちろん、どの国も東チモールの住民を保護するために、インドネシアとことを構える覚悟がなかったことだ。唯一の道は、インドネシア政府に対して、東チモール問題を平和裏に解決すれば、国際関係で有利になると説得することであり、そのためには現場における国際社会の存在が必要だった。問題は、この種の介入が東チモールの人びとにとって遅すぎはしないかということだった。

主権と介入

東チモールでの危機は、われわれが瀕したそれ以外の困難と同様に、単独で発生したわけではない。このほかにも、コソボ、コンゴ、そしてシエラレオネで、主権や介入についての国連の概念に挑戦する事態が発生した。私は一九九七年初めに国連事務総長に就任し、国連はなにごとにおいても個人を優先するべきであるとの深い決意をもってそれに臨んだ。加盟国が構成する国連は、憲章が仕える対象である「われら人民」の権利と保護につとめるべきである。国連の焦点と取り組みを新たな方向にシフトすることに加え、広義の介入のケースを提示し、いかなる悲惨な事態がその領内で発生しようと国家の主権は不変かつ不可侵なものであるという伝統的な考え方に挑戦する必要があることを、私は認識していた。

人権の尊厳と普遍性を言行ともに強化するために、われわれは、人権を、開発から保健、平和と安全保障にいたるまで、すべての国連の活動の中核要素にするべく尽力した。民族帰属が原因で人びとが襲撃されたり殺害される事態において、世界は国連が声を上げることを求める。女性や少女が男性と平等な権利を否定される状況でも、世界は国連がその立場を明確にすることを期待する。グローバル化によって、国家は従来のように、経済統制や金融政策の決定を行ったり、環境破壊や人の移動に無関心であることは難しくなった。国家は自国民にたいし隷属化、迫害、拷問などを行う権利を持つことはできず、また持つべきではないのである。

内戦の増加により、生命と基本的な安全への人権が危機に瀕していることは、ますます明白になってきた。これは、国家と市民の関係を再構築する必要を示唆していた。主権とは国家が自国民の人権を保障する責任を負うことを前提条件に存在する概念であることを、そして、この前提条件を満たしてはじめて、国家は国内の事態への不介入を主張できるということを、国際社会に広く理解してもらうことが必要だった。私はソマリア、ルワンダ、ボスニアでの国連平和維持活動の試行錯誤の経験から、この結論に達していた。私が最も信頼していた補佐官で官房長のイクバル・リザが述べたように、国連は、国家間に発生したものであれ、国内で発生したものであれ、世界における紛争への関与において、道徳的側面を強調する必要があった。

私はこの国際社会への難問が出現しつつあることを、かなり前から認識していた。PKO局長の任にあった一九九三年、ソマリアの首都モガディシオで民兵の活動が緊張を生じさせていたさなかに、ニューヨークでの記者会見において、平和維持活動が国連の役割についての新しい定義を必要としているかとの質問をうけた。国連はソマリアの人びとと協力して、早急に武装解除プロセスを行うことによって、モガディシオ南部を非武装化しようと試みていることを述べつつ、このプロセスに反対し、暴力に訴えることを辞さない勢力があるとも回答した。そして、犯罪行為に加担する勢力の主張を受け入れて、屈服することが本当に最良の手段なのだろうかと問うたうえで、私は回答を続けた。「国連は今非常に困難な状況にあります。ボスニアの活動について、国連は全力をつくしていないとか、非力なマンデートの下で活動しているとか、女性が襲われたり、街が砲撃されたり、市民が殺害されているような犯罪行為を傍観している、などと批判されています。ソマリアでの活動で初めて、国連は犯罪行為に加担する勢力を監視することをマンデートに加えました。あなたのご質問は、国際社会、政治家、そして世界一般が考えなければいけない問題だと思います。われわれは、伝統的な国連の介入の概念を越えた活動をしなければなりません。もし大規模な人権侵害や、残酷な人道的危機に国連が介入し、状況を解決するためのマンデートを持っていたら、われわれは状況に対応することができる。傍観することはできません」。

同年、記者でいっぱいの暑いモガディシオのブリーフィングルームで、ソマリアで展開する武力行使に疑問を呈する記者に対し、私は同じ問いかけをより率直にした。再び、私は決定的な行動が不可欠だという答えが返ってくることを望んだ。「飢饉が原因ではなく、食糧配布を妨害する勢力のせいで人びとが飢え、死に瀕している状況で、われわれは何をするべきでしょうか。あなたならどうしますか？　そのままでいるか、交渉するか、それとも？」。この問いには誰も答えなかったが、考え方に変化が生じ始めていた。

一九九五年に、私は旧ユーゴとＮＡＴＯへの特使に任命された。デイトン合意を受けて、ボスニアにおける軍事的権威を国連からＮＡＴＯに委譲する式典がザグレブで開催された際、私は再び、居並ぶ高官を前に、紛争にとらわれた人びとが払った犠牲について述べた。「過去四年、恐ろしい状況がエスカレートするなかで、われわれはどのように対応してきたかを思い起こし、そして自らに問いかけなくてはいけません。私は何をしたのか？　もっとできたのではないか。状況を変えることができたのではないか。自分の意思決定は、偏見や無関心、恐怖に左右されてはいなかったか。将来同じ状況に直面したら、私はどのように行動するだろうか」。私は、国連が、ボスニア紛争の各当事者の間で中立の立場をとるという原則を貫いた結果、セルビアの民族浄化行為をあまりに長い間傍観したという非難から、国連を擁護することはしなかった。私は、国家主権に対する国連の原則と実践が、紛争に引き裂かれた世界で試練にさらされるのが、これで最後ではないとわかっていた。

事実、われわれが活動する環境が変わっていたのだ。ボスニアやコンゴなどの紛争地で、平和維持活動を展開するにあたり、「どの勢力にも加担しない」という中立の原則は、意味をなさなくなっていた。実際、中立の原則を固持することで、攻撃者を教唆し、被害者を罰するような事態が――意図したことではないにせよ――生じた。ときに国連は、攻撃を止め、無辜の市民を保護するために、従来の国連の介入以上の行動をとらなくてはならなかった。

コソボ――バルカン戦争再び

東チモールの住民投票とそれに続く暴力の勃発の前年、世界はコソボ危機に直面した。コソボでは、東チモールと同様の状況で、少数民族が、自治の要求に対して、深刻な人権侵害によって罰せられる事態が発生していた。国連、欧州諸国、ＮＡＴＯそして米国にとってコソボが特別だったのは、バルカンにおける新たな、ボスニア紛争でおなじみの略奪者による事態発生であったからだ。

コソボは、過去数年間紛争状況にあり、獲物をねらうある一国の指導者によって、悲惨な状況におかれていた。この指導者とはスロボダン・ミロシェヴィッチで、彼の目はいまやコソボに向けられていた。ボスニアでの経験から、もし国際社会が行動しなければ、コソボのアルバニア系住民はボスニアと同じ経験をすることになるだろうと、われわれは確信していた。コソボ危機が拡大するにつれ、ボスニアと同じ状況が発生するのではという懸念は広がっていった。セルビア人がボスニアで行ったのと同じことをコソボのアルバニア系住民に行うのを、黙ってみてはいられないという機運が高まっていた。

国際社会は、同盟国のロシアでさえも、ミロシェヴィッチを全く信頼しておらず、ミロシェヴィッチにはコソボ問題で平和的な妥協をすることで得られるメリットに関心がないこともよく知られていた。私は、各国政府にミロシェヴィッチが誤算の多い指導者であると警告してきたが、ミロシェヴィッチ自身も大した扇動者だった。彼は幾度も私に、コソボはセルビア文明揺籃の地であり、セルビアからの分離を許すわけにはいかないと述べた。一三八九年に、セルビアはコソボ・ポーリェの戦いでオスマントルコ軍に大敗し、その結果セルビアは約五〇〇年間オスマン帝国に支配されることになった。ミロシェヴィッチは冷酷かつ効果的にこのセルビア人にとってのコソボの神話的重要性を悪用し、一九八九年には、民族対立を煽り立てるためにコソボにおもむき、セルビア人の聴衆を前に「だれもあなたがたを打ち負かす権利を持っていない」と宣言した。後日、この宣言がボスニア紛争の遠因になったといわれるようになった。

ボスニア紛争終了から三年、一九九八年初めに、コソボにおいてセルビア部隊と独立を標榜するアルバニア系民兵との間の緊張がエスカレートしはじめた。コソボ解放軍の抵抗への反撃はミロシェヴィッチのおなじみの蛮行だった。平和的解決の模索や、怒りの矛先を反セルビア武装組織に向ける代わりに、ミロシェヴィッチは何十万という一般市民を巻き込んだ、民族浄化の大規模作戦を開始した。

この作戦は、なによりも、コソボ領域内のアルバニア系住民をできるだけ多く殺害、または追放することを目的としているようであった。その結果は、コソボの人びとへの被害と地域全体での人道的危機となってあらわれた。今回は、英国、フランス、ドイツの指導者は、ミロシェヴィッチの行動にどのように対応するかが、欧州の将来にとって重要なことであると了解していた。基本的にNATOを通じて、各国は市民を標的にしたバルカンでの戦争は許されないという警告を発した。国連にとって、この危機は、同じように重要だが、違う側面をもった。国連はコソボの現地に入ることができず、一般市民への援助を提供できないでいた。したがって、国連による介入は、私の安保理における発言や安保理との協働のような、人権侵害を停止させ、戦争拡大を防ぐために国際社会を団結させるための政治的かつ外交的なものにならざるをえなかった。

一九九八年の初め、われわれは、コソボを安保理の議題にのせることに成功し、その結果、現地の状況についての定期的な報告を安保理にむけて行うことになった。夏までには、コソボの人口の一〇%である約二〇万が難民となった。この頃には、私はボスニアの悲劇を繰り返してはいけないと、さらなる呼びかけを始めていた。一九九八年の夏から秋に危機が進行するにつれ、私は正々堂々と、国連をこのバルカンでの侵略の犠牲者の側につけ、ベオグラードのセルビア政府が発する陳腐なプロパガンダに一切の正統性を与えないことを決意していた。これは綱渡りだった。行動せよという欧州と米国からのプレッシャーは、ロシアの断固とした反対に遭ったからだ。ロシアはセルビアをいまだに主要な同盟国とみなし、ミロシェヴィッチが今一度、ボスニア戦争の最後に受けたような罰を甘受することを容赦しない覚悟だった。

私は二つの理由から、声を上げることにした。第一に、恐怖と暴力を停止させて、人道目的のものであっても戦争の拡大を防ぐ最善の道は、セルビア軍がコソボで蛮行を行っているかぎり、国連、少なくとも事務総長を、外交ゲームに引きずりだすことはできないとミロシェヴィッチに理解させることだと考えたからだ。国際社会が協同すれば、ミロシェヴィッチに身勝手な戦争をあきらめさせることができるだろうと信じていた。次に、同じく重要なのは、コソボ危機がもたらした機会であった。つまり、国際政治に新しく一線を画すること、国家がその領域内の自国民の扱いと保護について責任をもつための新たな基準を設定することだ。われわれは、主権国家がもつ内政不干渉の権利は、個人のもつ、人権の重大かつ組織的な侵害を受けない権利に優先するものではないことを、明確にしなければならなかった。

加盟国の多くは、国家主権の無謬性を確信していたため、この政策的な転換は議論を呼んだが、国連事務局の中でも物議をかもした。コソボ危機は、私のアドバイザーたちの間でも激しい議論をよび、それに先立つ一〇年間の平和維持活動が得た教訓を生々しく浮き彫りにした。職業外交官や事務局職員が示した視点は、正統な政府として承認されているセルビア政府が国内の秩序を維持する権利と義務をもっており、国連、ましてや事務総長は、コソボにおける人権侵害を訴え、外部からの強制力をもつ対応を呼びかける立場にはない、というものであった。その一方で、アドバイザーたちは、暴力的であるとよく知られた体制が、民族浄化という常習的な手段に訴えようとしているなかで、ひたすら中立の立場を貫くことは、国連の権威を、とくに国連が自分たちを残虐行為から保護してくれると期待している人びとの間で、損なうことになると主張した。

私自身の直観は、紛争解決を模索する、ロシアを含む安保理の主要メンバーの間で、国連への信頼と権威を維持しつつも、今回国連は今までとは違う独自の対応をすることを明確にすることだった。つまり、国連は、国家の権利を主張してきたのと同様に、個人の権利についても主張しなくてはならないと、私は信じていた。ボスニアとルワンダでの惨事の後となっては、国連は、重大な人権侵害や人道に反する罪に対応する能力をもって評価されることになったからだ。

私は一九九八年六月のNATO会議に際して、すでにこの姿勢を明確にした。NATOの首脳は二一世紀の集団安全保障体制を確立するためのテストケースとして、ボスニア問題について話しあった。通常、国連事務総長が軍事同盟の会議に出席するときは、平和的手段を第一とした紛争解決を呼びかけるのが常である。この会議で、私は確かな武力行使の可能性に裏打ちされた外交的努力の強化を訴え、参加者が事態の緊急性を意識するよう努めた。ボスニアでの経験を振り返り、私はこれからの集団安全保障が、効果的かつ正統的であることを確実にするよう訴えた。この二つが両立しなければならないのは、過去の例からも、その後のイラクの例からも明らかである。

ＮＡＴＯの指導者に向けて、私は発言した。「短期的に結果が出せても、正統性のない戦力は、長期的な国際社会の支持を受けることは困難です。正統性を付与されていても、実行力がなければ基本的な任務さえ遂行することは難しいでしょう」。私はこれまでの介入の歴史にてらして、信頼、正統性、そしてモラルについての教訓を強調した。恐るべき脅威がある状況で、このような教訓を実際的かつ断固としてかえりみることなしに介入を実行しても、意味がない。コソボの状況は、いまや脅威であると私は述べた。さらに私は「ベオグラードの政権がコソボ問題に対応するためにとっている手段や、彼らが目指している結果の恐ろしさはあきらかです」と述べ、ＮＡＴＯの指導部が、紛争拡大を阻止するという決断を明白に称賛した。私は自らの発言を、事務総長に就任して以来最も直接的な武力行使の訴えをもって締めくくった。「われわれの後悔の念、第二のボスニアを許してはいけないという決意、そしてバルカンの平和への望みは、もしコソボに新たなキリング・フィールドが発生することを許したら、無残にも無駄になります」。

会議からしばらくして、ディッチリー財団が英国で主催した会議で、私はこれまでの経緯を参照しながら、人道的介入についての幅広い解説を行った。このスピーチで、私は人道的介入を、外科医が人命救助の目的で行う介入や、教師が学校で悪質ないじめを防ぐために行う介入にたとえて説明した。私が言いたかったのは、誰も介入には無関心でいられないこと、そして介入とは軍事力を伴うばかりではないということだった。

私はスピーチを続けた。冷戦のさなか、国連の執行能力が安保理内部の分裂によって麻痺していた時代でさえも、一国内における重篤な人権侵害が、隣国による軍事介入を惹起したケースがいくつかあった。一九七一年、インドの介入が東パキスタンの内戦を終わらせ、バングラデシュを独立に導いた。一九七八年には、ベトナムがカンボジアに介入し、クメール・ルージュのジェノサイド支配を終わらせた。一九七九年にはタンザニアがウガンダのイディ・アミン政権の奇怪かつ残虐な独裁政権打倒のための介入を実施した。

この三例いずれも、介入を実行した諸国は、自国への難民流入を、国際法上介入を正統化する理由として挙げた。しかし、世界がこの介入を正統化した理由は介入を受けた政権の性質だった。歴史はそれを証明している。強制力を伴う介入が、これらの政権下で行われていた虐殺や弾圧よりも悪が小さいとの判断はいまや否定できないであろう。

人びとが危機に瀕したとき、私たちには声を上げる義務がある、と私は主張した。ほかのだれかにその責任を押し付けることはできない。


この間、一九九八年の秋、何万というコソボのアルバニア系住民が避難を余儀なくされる状況で、国連本部では介入の可能性を探っていた。この危機収拾のために、当時米国のバルカン特使であったリチャード・ホルブルックは、二〇〇〇人からなる非武装の欧州安全保障協力機構（ＯＳＣＥ）要員をこの不安定な停戦合意を監視するために送り込むことを提案した。九月二三日、安保理は、ユーゴ軍のコソボからの撤退を要求する決議一一九九を採択した。NATOはこの決議をうけとめ、ミロシェヴィッチが安保理決議に従わない際には、行動をとるとの姿勢を明らかにした。しかし、ミロシェヴィッチは自らの計画をかまうことなく推進した。しかしながら、それはまったく想定内のことだった。

安保理への報告の中で、私は高まりつつある暴力に対応する緊急性と、殺害の増加に対するユーゴ政府の責任について言及した。一〇月四日に、私は「恐怖と暴力の作戦」と表現した。ユーゴ政府と国際社会の間の乖離が大きくなっていることを象徴するような手紙を、私は同じ日にユーゴ外相から受け取った。手紙は「コソボは平和な状況にある」という一文で始まり、「完全な移動の自由が保障されている」と続いた。その数日後、私はミロシェヴィッチに電話をし、国連の要求を受諾するよう促したが、彼は手紙と同じ主張を繰り返し、過去二週間以上、「コソボは紛争状態にはない」と述べた。ミロシェヴィッチはさらに「問題はアルバニア人との間に存在するだけだ」と付け加えた。

同じ週に、私は英国のロビン・クック外相と会談した。クックは、状況はボスニアで発生した最悪の民族対立と同じ道を進んでいるとの見解を示した。これまでの経験を踏まえ、われわれは、ミロシェヴィッチは力による解決に訴えるだろう、との結論に達した。私はミロシェヴィッチが、実際蛮行を行っていても、それが表面化しない段階では、協力的であることを装う「まやかし」に長けていることを強調した。

懸念されていたように、コソボ検証団はセルビアの蛮行を前に、ますます頼りない証人と化していた。一月中旬にラチャクという村で、女性と子供を含む四五人が殺害された事件をもって、この蛮行は最高潮に達した。それからの二カ月間、暴力と戦闘が激化する中、フランスのランブイエでの交渉で、解決を探る新たな試みが続いた。コソボの代表は、ユーゴ連邦共和国内にとどまり、実質的な自治権を持つという提案を受け入れることを納得していたが、セルビア側はこの提案を拒否し、最後まで独自の攻撃と誤算のパターンに固執した。

この危機を通じて、私は知的で鋭敏なスペイン出身のNATO事務総長、ハビエル・ソラナと緊密な関係をもった。ソラナは戦争への強い嫌悪と、誇り高いヨーロッパ人として、ヨーロッパの平和と人権擁護への取り組みを、ミロシェヴィッチに再び踏みにじらせはしないという決意を抱いていた。三月一七日にわれわれは電話で会話し、誰もミロシェヴィッチと連絡が取れないことについて話し合った。同盟国であるロシアや、ボスニア紛争で最後までミロシェヴィッチが交渉したホルブルックでさえ、連絡がとれなかった。

真実の瞬間が訪れたことが明らかになったのは、OSCEの監視団がコソボを離れるようユーゴ政府からの通達を受けたときである。三月二三日の夕刻、ソラナは再び私に電話をかけ、ホルブルックがベオグラードから「非常に悪いニュース」をもって、ブリュッセルのNATO本部に戻ってくるようだと教えてくれた。ソラナは、軍事作戦を展開する権限を早急に欧州連合軍最高司令官に委譲すると述べた。これはNATOによる軍事作戦が間もなく始まることを意味していた。ロシアの反対により、武力行使の権限を付与する安保理決議は採択されていなかったので、ＮＡＴＯは安保理の意思に反した行動をとることになる。しかし、何かがなされる必要があった。ミロシェヴィッチが現実を理解していないことは、われわれ共通の見解だった。そしてそのために、バルカンでまた戦争がおこりつつあった。

翌朝、三月二四日に、米国国務長官のマデレーン・オルブライトから電話があった。彼女はＮＡＴＯが行動にでる以外の選択がなかったことを、私に向けて強調したかったのだ。オルブライトの姿勢は、私が予測していた通りのものだった。オルブライトは友人であったが、あることを決定的に理解していなかった。米国は私の事務総長就任を支持してくれたが、だからといって、私が国連憲章の原則遵守の義務を持ち、国連加盟国すべての意向に対して、平等に対応しなければならない立場であるということを分かっていなかったのである。

私はオルブライトにＮＡＴＯの軍事行動についての声明を発表することを伝えた。ユーゴ政府が国際社会からの要請にこたえることに失敗したことに触れつつも、軍事行動が安保理の承認を受けているのが「望ましかった」ことも強調したものである。加盟国が武力行使の決断をするに際し、安保理が常に関与する必要があることを、私が声明に盛り込むと述べると、オルブライトは遠慮なく「米国政府は安保理が常に関与するべきだとの立場に同意しない」と切り返してきた。私はこの点について、国務省の法務官は異なる意見を持っているだろうと思ったが、同時に英国外相のクックが同様の法的指摘をしたときの彼女の返答も思いだした。「法務官を取り換えればいい」というのがオルブライトの反駁だった。電話を終えるにあたり、しかしながら、オルブライトは「あなたは国連事務総長で、私は米国国務長官、これが現実です。しかし、安保理の採択を仰いだら、ロシアは拒否権を行使するでしょうから、犠牲者は増えるばかりです」と認めた。私は何も言わなかったが、心中同意していた。

同日、NATOは、コソボからセルビア部隊を駆逐し、コソボの文民の殺戮と追放を終わらせるための空爆を開始した。私にとって、戦争という結果になってしまったことは、悲劇だった。そのようには考えない人は、戦争がなにをもたらすかについて意識しないのだろう。しかし、セルビア軍の、コソボにおける思うがままの蛮行は、この戦争よりも邪悪であると私は認識していた。

状況を複雑にしたのは、NATOが安保理の承認を得ようとせずに軍事行動を開始したこのときに、私が国連事務総長であったという事実である。国連憲章は以下を明白に規定している――自衛権の行使の場合を除き、国際法遵守にのっとり、武力の行使は安保理の承認を必要とする。しかしながら、私にとって同じくらい明白であったのは、ミロシェヴィッチが国際社会に軍事行動以外の選択肢を与えなかったことだ。ボスニアの悲劇を繰り返さないという国際社会の決意は、ミロシェヴィッチがバルカンで再び異民族を迫害することを許せば、信頼されなくなる。

コソボ危機の間、現地には国連平和維持軍や外交団がいなかったので、私は、この問題のむずかしさが国際社会によって明確に理解されるよう尽力した。コソボでのミロシェヴィッチの戦いを、国連は無慈悲な侵略行為であると認識しており、セルビア政府が国際社会の要請に応えることが、紛争を避ける唯一の手段であると、彼は理解する必要があった。いまやＮＡＴＯがこれらの要請を実行するために行動している。私のアドバイザーたちが交わした議論は表面化しつつあった。

国連政治局は安保理の平和と安全の維持という一義的な責任に焦点をあて、かつ武力行使が安保理の承認なしに行われたことへの、事務総長の遺憾の念を強調した声明を起草した。私の補佐官たちはこの草稿に厳しい反応を見せた。補佐官たちは、この声明は、事務総長が武力行使について嘆いているだけであり、結果として私が過去数カ月ミロシェヴィッチに自身の行動への責任を取らせようと発言してきたこと、さらに自国の政府によって苦難を強いられている市民に寄り添おうとした国連の姿勢を裏切ることになると主張した。私の指示に従い、補佐官たちは声明に手を入れた。新しい草案は、軍事行動を招いた責任をユーゴ政府に負わせる一文から始まった。

昨年一年間、私はあらゆる機会を通じて、ユーゴ政府とコソボのアルバニア系住民に対して、戦争ではなく平和的解決を模索するように訴えてきた。国際社会の尽力にもかかわらず、ユーゴ政府が、コソボでの更なる流血を止める手段であり、かつコソボの住民に公正な平和を約束するものであった政治的解決の道を拒否したことに深い遺憾を覚える。外交的手段が失敗に終わったのは悲劇であるが、平和を実現するために、武力行使が正統化されることもあるのだ。

声明は、いかなる武力行使の決断にも、安保理が関与するべきである、という呼びかけで締めくくられた。事務総長として、私はこの原則を確認する任にあった。国際秩序にとって、いかに異例な状況にあっても、これは道徳的な必要性として守られるべき根源的な原則である。私の上級政治アドバイザーかつ政治局の長であったキーラン・プレンダーガストが主張したのは「憲章の遵守を、われわれが呼びかけなかったら、誰がするのですか」という点であった。

空爆開始の翌日、ニューヨークタイムズの一面に「国連事務総長は空爆を黙認――NATO諸国には朗報、ロシアには仰天な事態」との文字が躍った。私にとって、武力行使が避けられないことは明白であったけれど、NATO諸国に対して、安保理の承認なしに軍事行動が行われていることが、異例の事態であることを強調しなければならなかった。これは簡単ではなく、かついろいろな意味で不十分な妥協であったが、国連が危機に瀕した人びとの人権を真に考慮する組織であるなら、国際システムは優先順位を大きく見直す必要があることを、この事態は示唆していた。

一連の議論を通して、国連が介入に関して直面しているジレンマが白日の下にさらされた。私は安保理の平和と安全についての責任を擁護するとともに、武力行使が必要であるだけでなく、正統である時代にあって、国連が単なる平和主義を主張する組織ではないことを、明白に認識する姿勢をとった。ルワンダやボスニアでの経験から学んだことであった。

二週間後、ジュネーブでの国連人権委員会の年次会合の冒頭で、私は国家主権より優先されるべき、国内の少数派を暴力から保護することに関する「国際的に発展しつつある規範」と私が呼んでいたものについて言及した。結論で「国連は加盟国からなる機関でありますが、国連は人びとの権利と理想を保護するために存在しているのです」と述べた。

コソボでは、NATO司令部が軍事介入に期待した結果とは全く違う事態が展開していた。ソラナは、いったん空爆が始まれば、三、四日で事態は収束すると言っていた。しかし、ミロシェヴィッチには彼なりの計画があったのだ。その悪魔的な考えで、ミロシェヴィッチは空爆に応え、抑圧と追放の作戦を強化した。一九九九年三月二四日までに、UNHCRによると、二五万人以上のアルバニア系住民が家を追われてコソボ領内で避難し、さらに二〇万人が隣国に避難したという。それからの三カ月間に、一〇〇万人近いコソボのアルバニア系住民が逃避行を経験することになる。

四月の初め、人道危機に直面し、私は国連がさらに外交的手段にでていくべきだとの結論に達した。NATOと米国は国際機関の包括的な要求を実現する責任があると認識していたし、米国はコソボにおける日々の展開から、国連――とりわけ私自身――を遠ざけておきたいという意図を隠そうともしなかった。

四月九日、私はユーゴ政府に対し、コソボでの攻撃を停止し撤退せよと勧告し、実行されればNATOは空爆を停止するべきである、と付け加えた。非常に神経質になっていたヨーロッパの政治指導者、ジャック・シラクやゲルハルト・シュレーダーからは、前向きな回答を得たが、オルブライトやクリントンは、私の介入の仕方に懐疑的だった。それからの六週間、私は外交的努力を強化し、またミロシェヴィッチに圧力をかけるためにロシアを交渉のテーブルにもどすべく、関係者すべてと集中的な交渉をおこなった。

はじめから、オルブライト国務長官は、スロヴァキアのエドゥアルド・クカンとスウェーデンのカール・ビルトを国連の仲介役に任命しようという私の意図と決断に反対していた。オルブライトの抵抗は延々と続く外交的どたばたを呼び起こし、交渉は振り出しに戻った。刻々と悪化する人道危機の中で、貴重な時間が失われた。こうした緊張のなか、オルブライト、ロシアの前首相ヴィクトル・チェルノムイルジン、フランスのシラクやその他のヨーロッパの首脳との間で行われた議論の最中、ヘンリー・キッシンジャーが電話をかけてきた。キッシンジャーは米国のユーゴ空爆についての立場が呼び起こす影響について懸念していた。同時に、私がビルトを起用しようとしていることについて米国が反対していることに疑問を呈していた。ビルトの能力を高く評価していたのだ。キッシンジャーは、ホワイトハウスと自ら交渉すると提案し、私はそれを受け入れた。会話の終わりに、キッシンジャーはビスマルクの言葉を引用した。「戦争を始めようとする議論に説得力がない政治家に災いあれ」と。そして「私は共和党支持者で、今の政権は民主党だが、それでも米国政府の威信を保つことに協力しなくてはならない。そうでなければ、米国の世界における地位が脅かされる」と付け加えた。

オルブライトは、ロシアの特使であるチェルノムイルジンと渡り合うための国連特使に、フィンランド大統領のマルッティ・アハティサーリを任命するよう働きかけてきた。私は友人であるアハティサーリがこの任に就くことは反対ではなかったが、特使レベルの交渉で、この任命が混乱を引き起こす可能性について危惧していた。その一方、ロシアはアハティサーリの交渉参加がユーゴ政府を軟化させるかもしれないと示唆していた。その後、私は米国国務省副長官のストローブ・タルボットから電話を受け、米政権はビルトについての見解を改めたと聞いた。キッシンジャーの介入が実ったのだろう。

五月九日、ハビエル・ソラナが電話をかけてきて、状況が「悪夢」に発展したと伝えてきた。NATOの空爆が駐ベオグラードの中国大使館を直撃した結果、中国政府を激怒させ、この空爆の意義についてヨーロッパと世界全体が抱いていた疑問をさらに大きくしたのだ。オルブライトは私に電話し、アメリカが中国大使館に「意図的に攻撃を仕掛けるなどという馬鹿げた行い」をするはずがないことを、中国政府に説明してほしいといった。ビルトは、ほどなく、もし中国がアメリカ大使館を爆撃していたらどんな事態になっただろうと公然と問いかけた。この言動は、米国がビルトの率直さについて抱いていた不安を裏づけることになった。彼の質問は真っ当だったが、戦争を終わらせるための建設的なゲームのやり方ではなかった。われわれの努力は、戦争を起こすに至った本当の原因を直視し、戦争を終わらせることに集中するべきであった。そうしなければ、ミロシェヴィッチを資することになり、またミロシェヴィッチの敗北を遅らせることにもなるからだ。五日後、私はビルトにこう告げた。「あなたもクカンも、ベオグラードに行くことはない。私は空爆の停止を要求するつもりもありません」。

軍事行動開始からまる二カ月を間近にした五月一八日、一八九九年のハーグ平和会議一〇〇年を記念するスピーチの場を利用し、私はもう一歩踏み込んだ介入を行う意義について述べた。安保理の承認なしにNATOがとった行動の結果と政治手腕が生んだジレンマについて注意を喚起し、武力行使についての決定をする唯一の正統な機関としての安保理の最も重要な立場が回復されなければ、世界は「危険なアナーキーへの道」を進むだろうと警告した。しかし同様に重要なのは、安保理がコソボで発生しているような規模での人権侵害や人道に対する罪に一丸となって立ち向かっていくことができないのなら、安保理は国連創設の礎となった理想そのものを裏切ることになるだろうとも強調した。

ハーグから、自らの目で現在進行形の戦争が引き起こしている人道的な危機を見、いまや二〇万人の難民が生活する難民キャンプを訪問するために、マケドニアとアルバニアに向かった。それからジェット機の轟音と爆撃の衝撃音をききながら、私はコソボに向かった。国境のそばで、私は途切れることなく続く難民の列を目撃した。あらゆる年齢の男性、女性、子供が、いくばくかの荷物を抱え、歩いていた。妻のナーネと私は、助けようがない様子で泣き続ける一〇歳の少年と一〇〇歳の女性に話しかけた。女性は「どうしてこんなことになってしまったのか、なぜ私たちがこんな目にあうのか」と問い続けていた。それから、私に向かって、自分の一生はこうして終わるのかと尋ねた。ミロシェヴィッチは再び、旧ユーゴの市民の生活と尊厳を徹底的に踏みにじる行動に出たのだ。空爆がミロシェヴィッチを妥協させるという効果を生んでいない状況で、彼女にどんな希望を与えることも難しかった。武力が達成できることにはもともと限界がある。そのことはわれわれを取り巻く混乱にも、女性の目のなかの苦痛に満ちた絶望にも反映されていた。

しかし、希望がよみがえってきた。数日後の五月二二日、旧ユーゴ戦犯法廷が、スロボダン・ミロシェヴィッチを人道に対する罪で起訴した。そして、ついに、七八日間にわたる空爆の結果、六月三日にミロシェヴィッチはチェルノムイルジンとアハティサーリと会見し、驚いたことに、突然、国際社会からの要求を受け入れたのだ。一週間後、安保理は一四—〇（棄権が一票だけあった）で、コソボに暫定統治機構を設置するために、ＮＡＴＯ主導の国際的な軍事駐留と国連主導の文民ミッションを承認する決議を採択した。セルビアの攻撃は停止し、ミロシェヴィッチはいまや法の裁きを受けることになった。コソボの人びとは故郷にもどり、国際社会のサポートを得て、社会を再建する機会を得た。

スレブレニツァ陥落について委託された報告書の結論で、私は国際社会がスレブレニツァにおけるきわめて重要な教訓を心にとめること、「意図的かつ組織的にある民族全体を恐怖に陥れたり、追放したり、殺害するというような試みに対しては、断固として、あらゆる必要な手段を使い、論理的な結末を迎えるための政策を実行すべく政治的意志をもって接しなければならない」と訴えた。コソボ紛争において、国際社会はこの教訓を生かす道を選んだが、その決定はあまりに遅く、また不完全なものだった。ＮＡＴＯの介入は、国際社会のなかで、国際法に基づいた軍事行動という原則に忠実でありながらも、国家が、主権の無謬性にかくれて自国民の人権を侵害することは許されるべきでないという立場も徐々にとりつつあった人びとにとって、大いなる挑戦であった。少なくとも、国際社会はバルカンでのこれ以上の蛮行を止める意思を見せた。一九九〇年代初期には、同じバルカンのボスニアで、国連、米国、ヨーロッパ諸国は、民族憎悪が引き起こした残忍な戦争を止めることに積極的ではなかった。国際社会がまとまらず狼狽したことによって、コソボの人びとが払わなければならなかった代償は高いものだったが、少なくとも、危機対応への速やかさと決断性においては、変化が生じた。

一国を救うために——東チモール

ディリは、小さく、貧窮し、孤立した東チモールの首都であったが、一九九九年の春と夏、コソボの人びとの運命が議論されていたヨーロッパの主要都市は、ディリを話題にしないわけにはいかない事態になっていた。一九九〇年代初めのバルカン紛争の結果、国際社会は、残忍なまでに効率的な搾取の対象になった民族対立についての詳細な知識を得ていたが、アジア最大かつ最強の国の一つであるインドネシアの一角で孤立した紛争にさらされている東チモールの苦難については、ほとんど無知のままであった。

ポルトガルの旧植民地であった東チモールは、一九七六年に流血の事態を伴った邪悪な作戦によってインドネシアに併合された。インドネシアによる弾圧と搾取の年月の間に、一〇万から二五万人の東チモール人が犠牲になったといわれている。国連においては、東チモールに対するインドネシアの主権は承認されなかった。ポルトガルは、東チモールの自決に対して国際社会の関心を訴えかけてきた国の一つだった。

インドネシアとポルトガルの間での交渉は、一九八三年に、当時の国連事務総長であったペレス＝デ＝クエヤルによって開始されていたが、ほとんど進展しなかった。国連事務総長に就任した一九九七年に、私は東チモールについて、長期にわたる外交的問題の一つで、新たな試みが必要であると指摘した。私は、パキスタン出身のジャムシード・マーカーを東チモール事務総長特別担当官に任命し、東チモールの人びとを巻き込んで、いささか性急ではあるが、今まで以上の密接な交渉を進めていった。冷戦終了後、一九九一年のサンタ・クルスの虐殺と一九九六年のカルロス・ベロ司教とジョゼ・ラモス＝ホルタのノーベル平和賞受賞を目撃した国際社会は、インドネシア政府に対して、今後東チモールをインドネシアが統治し続けるには、住民の合意が不可欠であるとのサインを送ってきた。

スハルトが辞任し、一九九八年にハビビが大統領に就任すると、新たな可能性が見えてきた。ハビビは、東チモールの地位――インドネシアの中での自治であろうと、完全な独立であろうと――を決めるために、住民投票を含め、国民に信を問う用意があることを表明した。国連にとって、これは重要な役目を演ずる好機であった。たとえば、中東のような、国連の影響力が米国の意思によって制限されている地域と違って、東チモールの問題に対しては、戦略的利害がある大国はなかったからだ。この動きに応えるため、国連はポルトガルとインドネシアを含んで、東チモールの将来を決めるために一九九九年に開催される「国民的討議」の地ならしをするための交渉プロセスを開始した。

インドネシアのアリ・アラタス外相は、手強く有能な交渉官だった。ポルトガルの歴史的な権益を代表するジャイメ・ガマも同様だった。国連の代表として、私はジャムシード・マーカーを任命した。ときに、私は個人レベルで遅々として進まない国民投票に関する交渉に介入した。アラタスに、インドネシアの国際社会における立場を強化するには、平和裏な方向に向かうことが必須であり、そこからそれることがないよう助言した。また、彼に対して、私は幾度となく、国連は公正な仲介役であり、隠れた陰謀もなく、国民投票についてのいろいろな疑問に公正に対応していくつもりであると訴えた。どちらの側も国民投票で勝利するのは自分たちだと信じるほどに、十分な信頼関係が築かれるまでに至った。

マーカーは、交渉で驚くべき手腕と忍耐力を見せたが、私も通常ならぬつながりをハビビ大統領との間に持った。次第に、ハビビは私を信頼するようになり、私の意図がインドネシアを弱体化することではないと理解するようになった。私が東チモール問題が住民の意思を反映した平和的解決を見ることを望みつつも、インドネシアが国際社会に対して、より強い立場をもつ結果になることを望んでいることも、ハビビはまた了解した。毎日、毎時間、ハビビはインドネシアの国軍と治安当局からの圧力を受けていたにもかかわらず、私の意向に対して同意を示すようになった。一九九九年八月末には、私はハビビと毎日話をするようになっていた。一度ならず——のちにだんだんと共鳴しあうようになるが——、私はハビビに、彼の補佐官たちの助言は、東チモールの現状を反映していないと告げることができた。

国民投票が決定されたが、その準備には数カ月しかなかった。治安についての質問には、インドネシア政府は断固とした対応をみせた。治安については、政府が特別措置を含め、すべての責任を負う。インドネシア領内に、治安維持のために外国の軍が駐留する必要はない。私はハビビに、国民投票の間に民間人と国連の活動を保護するための軍の駐留を受諾するように訴えたが、インドネシア軍は自分たちの専権事項だと主張して強硬に反対した。結果として、その対応はインドネシア軍、さらに東チモールの人びとにとって、非常に深刻な結果を招くことになる運命的な決定だった。

問題は、インドネシア軍をバックにもつ東チモールの民兵が、一般市民を攻撃することを明白にしていることだった。私が自らのスタッフをはじめ、関係者にいつも言ってきたのは、インドネシア政府が、自らが認める領土内で、主権を維持するためにとる行動に対して、いかなる外国勢力も軍事介入をするつもりがないということだった。インドネシアは世界最大のイスラム教徒の人口を擁する国であり、米国の同盟国であると同時に、当時、中国とも接近していた。インドネシアと外交的に事を構えるのは簡単なことではなかった。われわれは、インドネシア政府の、治安を維持するという誓約を受け入れるほかなかった。

しかし、五月五日の合意により、平和裏に投票を行うために必要な治安の条件が整わない際には、私に投票を中止する権限が与えられた。ハビビに送った書簡の中で、私は平和裏に投票が実行される環境についての要件を述べた。その要件には、最も喫緊の第一歩として、民兵を厳しい監督下に置くこと、投票期日に先立ち、インドネシア軍を特定の地域に制限することが含まれていた。インドネシア政府がこの書簡に書かれた要請を受け入れることはないと思われたので、私は治安状況に対して要請したいことを関係者すべてに知らしめるために、書簡に書かれたのと同様の要件を、両者との覚書に盛り込んだ。結局、これらの条件は満たされなかったが、東チモールの人びとが自らの将来を決めるチャンスを持つことにインドネシア大統領が賛同したという歴史的好機と、東チモールの指導者からの、この機を遅らせてはならないという訴えにより、われわれは住民投票に突き進むことになった。

住民投票の六日前、八月二四日の朝に私はハビビと話し、彼の尽力、とくに「平和な環境」が確実になるよう努力してくれていることに感謝を述べた。これが、ハビビに対し、私が暴力の悪化について懸念していることを警告する唯一の方法だった。八月二六日、私は東チモールで発生していると報告されている暴力事態を非難する公式声明を発表し、住民投票前夜にも、自由な投票をよびかけ、かつ東チモールの人たちに対する恫喝や暴力の脅しについて、政府に警告する声明を発表した。

不信、威嚇、暴力、そして脅迫に満ちた雰囲気のなか、一九九九年八月三〇日に、東チモールの人びとの圧倒的多数が独立支持に投票し、投票者の八〇％近くがインドネシアからの分離を望んだ。住民投票当日は、ほぼ平和的で混乱のない状態ですぎた。しかし結果が正式に発表された九月四日以降、インドネシアの後押しをうけた民兵はショックを受け、怒り狂って、殺戮と放火の蛮行に繰り出し、すでに貧困の中にあった東チモールの大部分が廃墟と化した。国連は、本部でも東チモールの現場でも、恐るべき重責を感じていた。国連は東チモールの人びとの将来のために、住民投票の機会を勝ち取った。投票は平和裏に行われ、治安は自らがコントロールするというインドネシア政府の主張は尊重された。国連は東チモールの人びとに、この住民投票は平和で安全に彼ら自らの将来を選択するためのものだと納得してもらったが、住民投票は結果としてインドネシア軍の殺戮に利用された。私個人にとって、これは、平和維持活動の最も暗い時代に起きた事件である。制限されたマンデートと不十分な資源によって、国連部隊が紛争地に送り込まれ、国連が自分たちを保護してくれると信じていた人びとを助けることができずにいた、暗い時代であった。

東チモールのケースは、コソボと違い、国連の権威を利用して、主権と介入についての理解に変化を生じさせるものではなかった。国連は住民投票にむけての交渉と実施について中心的な役割を果たし、東チモールの現場にも展開していたので、私は自ら介入することで、いま起こりつつある悲劇の軌道を変えることができるとわかっていた。私は、インドネシア、オーストラリア、米国、英国、ポルトガル、マレーシア、タイなどの国の指導者と連日連絡をするなど、不眠不休の会合と電話会談をはじめた。

暴力行為が開始されたとき、軍事連絡官と国連警察アドバイザー以外は、国連の部隊も警察も現場にはいなかった。緊急に応援を送る必要があったので、それから二週間で、私は間断ない電話協議を通じて、二方向の交渉を行った。ニューヨークからは、毎夜、一三時間の時差のあるジャカルタのハビビに電話をし、東チモールに治安を回復することの決定的重要性について理解を求めた。毎回、私はハビビに対し、インドネシア軍によって暴力を停止させることの必要性を説き、もしインドネシア軍による行動が不可能なら、その他の兵力を動かす可能性も示唆した。ニューヨーク時間の日中には、私は安保理と部隊を提供しうる国に、介入を実行するに足る部隊を招集するよう働きかけた。介入部隊は、十分な能力を持つと同時に、西側によるインドネシア侵略というイメージを与えないためにも、主要なアジア諸国からの参加が不可欠だった。

コソボや中東の危機でも体験したことだが、すぐに私はあらゆる紛争当事者間の外交的コミュニケーションの結び目となり、実際当事者すべてが信頼をもって話すことができるのは、私一人だけだったようだ。この結果、私は往々にして最新の情報をもとに、全当事者の交渉状況や立場についてよりよく理解することができた。皆が私と、それぞれの関心事、知識、さらにはインテリジェンス情報さえも共有するようになった。私を自らの陣営に引き込むために、バイアスがかかった偏った情報が届けられることもあったが、それさえも、私が洞察とインパクトをもって合意を交渉する助けになった。東チモールもこの実践の例外ではなかった。

オーストラリアのアジアにおける地位を考えると、同国がこれから起こりうる介入を先導すれば、緊張が高まる可能性があった。オーストラリアは、効率的かつ徹底的な介入を主導することができる剛健かつ優秀な軍隊をもっていた。しかし、隣国からはアジアの一国とはみなされていなかったので、私はタイ、マレーシア、シンガポールといった地域の主要国のコミットを必要とした。しかし、これらの国は、インドネシア政府からの明白な依頼なしには、この件に関与したくないと思っており、さらに私とこの件について話し合っていることさえ知られたくないと考えていることが明らかになった。

すべてはいま、礼儀正しく責任感があるが、完全に状況にとらわれた指導者、ハビビにかかっていた。ハビビを説得できれば、この複雑なパズルは完成する。

ディリでは、東チモールの暴漢や民兵が、明らかにインドネシア軍からの十分なサポートをうけて、虐殺、暗殺、放火を行っているという報告が連日届いた。私はスタッフや外交団からますます状況悪化を知らせる報告を受け取っていたが、ハビビが国軍や治安部隊から受けている報告は、まったく違う内容だった。ある電話会談の際、ハビビは東チモールの人びとが攻撃を受けているということはない、と主張した。略奪は、インドネシア人が住民投票の結果に怒った結果、自らの家に火を放っている結果にすぎず、国連の情報は間違っている、と述べた。

私はこの逆効果を招く対話を断ち切らなければならなかった。ハビビに警告するために、もし殺戮が続き、市民を保護することができなければ、ハビビは個人的に責任を問われることになるだろう、と訴えた。長時間にわたり、何度も行われた電話会談で、私は、介入部隊は押しつけでも侵略でもないこと、むしろインドネシア軍がその意思がどうであろうとも、明らかに自力で秩序を回復できる状態にないのだから、外部からの応援を受け入れるほかないことを強調した。

個人レベルでは、私はハビビに同情していた。彼は正しい道を進もうとしているが、軍の強硬派から圧力をかけられていると感じたからだ。私との電話会談の際、ハビビは一人ではないようだったが、私は、軍はハビビに正しい情報を上げていないと伝えざるを得なかった。しかし、ハビビを押しすぎてもいけないこともわかっていた。対話が決裂する危険とともに、それによって突破口が開けることもあるものだった。この可能性が見えたときには、進展がないのはつらいものの、私は対話をいったん打ち切り、その翌日に再開した方がいいとわかっていた。虐殺が進行している状況のなかで、その責任がある相手に道徳的な怒りをぶつけたくなる誘惑にかられるものだ。しかし、それはその場での自己満足にすぎず、現場で犠牲になっている人びとを最優先すれば、するべきことではない。

九月五日、シャナナ・グスマンから、東チモールの人びとのジェノサイドが起こりつつあると警告した、凍り付くような電話があった後、私はハビビに電話し、国際社会は悪化しつつある治安状況についてますます憂慮していると伝えた。ハビビは再び、すべては制御下にあるのに、噂や誇張、感情的な反応が跋扈《ばっこ》していると不満をもらした。私はハビビの見解は間違いだと述べた。そして、私ははっきりと、治安部隊が東チモールに展開されるべきであると強力に主張した。明らかに側近に提示されたと思われるハビビの代案は、戒厳令の発動で、実際われわれの会話の二日後に執行された。シャナナは同日遅い時間に、インドネシア軍が思うがままにふるまえるようになったら、東チモールはおしまいだと訴えた。

その後、私はオーストラリアが介入部隊の主導を務めるとの合意を、ジョン・ハワード首相から得た。ハワードが、部隊の主な役割は国連ミッションの保護なのかと質問した際、私は率直に返答した。部隊は、東チモールの市民を保護することを何よりも優先する責務を負うことになります、と。ボスニアでの教訓でもあるように、部隊の保護のみというのは、ここでの答えではなかった。

反ハビビのクーデタの噂が広がりはじめ、恐るべきことに、暴力は国連に直接的に向けられるようになった。九月八日のニューヨーク時間午前三時を回ったころに、私は政治局事務局長補のキーラン・プレンダーガストから緊急連絡を受けた。東チモールの国連ミッションの長であるイアン・マーティンから、ディリの国連施設が民兵によって包囲されているとの連絡があったのだ。マーティンは安全策として、施設にいる数百人の国連職員の退避を要請した。

官房長であるイクバル・リザと私にとって、この問題の深刻性は疑うべくもなかった。われわれが真っ先に考えたのは、ディリの国連施設を銃撃し、正面玄関に手榴弾を投げる民兵の攻撃にさらされた一五〇〇人の東チモールの人びとと数百人の国連職員の安全だった。リザと私はＰＫＯ局でともにルワンダ虐殺に対峙し、その当時のことを忘れることは決してなかった。ルワンダでは、現場、事務総長室、ＰＫＯ局の三者の間の亀裂が問題だった。マーティンからの電話連絡の後、国連は施設を放棄して、市民をあとに残すことは、少なくとも今現在はできないという合意に達した。

緊迫した二四時間のあと、われわれは国連職員のほとんどを退去させることに合意したが、国連の威信にかけて、また誇らしいことに、マーティンと基幹人員に加え八〇人以上の国連職員が、施設に避難している東チモールの人たちの盾になるべく、残ることを申し出てくれた。民兵や国軍支持者の標的になっている東チモール出身のスタッフは、すでにオーストラリアのダーウィンに避難していた。

私はハビビに電話をし、国連職員が直面している危機について明確に説明した。私は、国連職員を退避させざるを得なかったと告げた。ハビビは驚き、混乱さえしたようだ。それからハビビは三〇分の間、繰り返しながら、私が言葉をさしはさむすきもあたえず、しゃべり続けた。ハビビは、インドネシア軍だけがこの事態を収拾することができ、オーストラリア軍が民兵撤退にかかわることは危険であると述べた。そして、ハビビは留まった。私はできるかぎり率直に話したが、ハビビの情報は正しくなかった。インドネシア軍が支援し共謀した暴虐は継続していた。そしてその謀略はいまや国連をターゲットにしていた。私は職員の命をこれ以上危険にさらすことはできなかった。ハビビは、オーストラリア部隊がきたら、戦争になるという。私はハビビに、四八時間以内に事態を収拾しなければ、国際社会は平和と安全の回復のために対応しなければならない、と伝えた。

同日午前中に、私は米国のクリントン大統領に電話し、ハビビに四八時間という期限を与えたと伝えた。その後、クリントンはインドネシア政府に対し、今後の米軍の協力と、世銀・ＩＭＦからの借款は、暴力が拡大すれば、難しくなるだろうと圧力をかけることによって、事態に有益なサポートをしてくれた。私も、インドネシアの軍民双方の指導者は、人権侵害の責任を個人的に問われることになるだろう、という警告を公式インタビューの席で発した。

それから四八時間のうちに、ナミビアの国連大使マーティン・アンジャバが率いる安保理特使の代表団が、英国国連大使のジェレミー・グリーンストックも参加して、インドネシア軍最高幹部のウィラント将軍とともに東チモールに到着した。ウィラントが、自らが指揮する軍のもとで発生している無法状態を恥じていることは明らかだった。ジャカルタのグリーンストックから電話を受けた。「この状況はシュールレアリスムです」と彼は言った。「大統領はなにもできない状態です。実権を握っている人たちが話すことは嘘ばかりだ。この暴力行為が組織的に操作されているのは間違いない」。彼の分析が正しいことが、同日、一件の、しかし象徴的な殺人によって確認された。シャナナ・グスマンの八二歳になる父が、ジャカルタ政権を支持する民兵によって殺害されたのだ。

私はニュースを聞くやいなや、シャナナに電話をして、哀悼の念を表した。それは、事務総長として最もつらい電話会談だった。シャナナは、自分の父親は、東チモールのために命を失った市民の一人なのだ、と答えた。シャナナはより大きな視点からの大義と紛争について言及した。「あなたが事務総長として可能なことすべてを私たちのためにしてくれていることはわかっています。状況はどんどん悪くなっている。戒厳令があと何日続くのかわかりません。戒厳令がどれだけ続くのか、決定してくださいませんか。東チモールで戒厳令を受け入れるのは、簡単なことではないのです」。私は、ハビビに四八時間の猶予を与えたこと、その後は国際部隊を受け入れなければならないことを説明した。電話会談を終えるころに、シャナナは父親について話した。「私の父は東チモールの市民の一人にすぎなかった。あなたの連帯に感謝します」。

しかし、当然ながら、われわれの連帯は十分ではなかった。インドネシア政府に対する圧力を、政策に転換するために、私は個人的な対話のレベルから、パブリック・ディプロマシーに移行することにした。ニューヨークでの記者会見で、私は世界各国の読者を持つ居並ぶジャーナリストに対して、ハビビに伝えたのと同じ主張を持って対峙した。東チモールは、国連が組織した住民投票に参加したことにより、「国際社会の目の前で」略奪、放火、殺戮といった乱行の対象になっている、と強調した。私は、インドネシア政府が、東チモール市民を保護するという責任を果たすために、国際社会の応援を頼む時がきたと力説した。私はジャカルタ政府に対し、国際部隊を受け入れなければ、人道に対する罪に相当する責任を負うことになるだろうと警告した。

ジャーナリストからの質問は、なぜ国連と国際社会が介入するのにインドネシア政府の承認を待っているのか、というものだったが、その機会を使って、私は報道陣と国連自体に、この介入の意義について説明することにした。「ただ介入すればいいではないかという質問は非常に単純です。介入するためには、部隊が必要で、また各国の準備ができていなくてはなりません。ここでの話は国連と国際社会の行動についてですが、国際社会は政府、それも行動する能力と意思のある政府によって形成されています。各国政府は、介入は危険すぎると判断したのです」。そして私はつづけて強調した。「各国はインドネシアの了承なしには介入を行いません。したがって、インドネシアは考えを変える必要があるのです」。

二日後の九月一二日朝、ハビビから電話があったときに、ターニングポイントがとうとう訪れた。疲労困憊し、憂慮し、しかし決意もした様子で、ハビビは、戒厳令の発令が東チモールの平和回復に資することがないと判断された場合に、インドネシアは国連の支援を要請するという数日前の合意について言及した。「あなたは私の個人的な友人であり、またインドネシアの友人でもあります」とハビビは始めた。「東チモールに平和と安全を回復するために、助言と援助をいただきたい」。これは、私が国連部隊を承認するために必要なシグナルだった。ハビビはその日の夜に、部隊派遣を協議するために、インドネシア外相をニューヨークに派遣することに合意した。私はハビビの重要かつ勇気ある決定に感謝を表明した。ハビビの立場を考えると、それは本当に重要かつ勇気ある決定であった。私は今一度、部隊は押しつけではなく、インドネシアと連携するために派遣されることを保証した。ハビビは、自らが秩序を回復することに失敗し、政府が国連の条件を受諾することになったという驚くべき告白をもって電話を終えた。「こちらからは、譲歩や条件を要求することはありません。私はあなたと国連に、全幅の信頼を置いています」。

九月一五日に、安保理は全会一致でＩＮＴＥＲＦＥＴと呼ばれることになる多国籍軍を承認する決議を採択した。五日後、最初のオーストラリア部隊が東チモールに到着した。重要なことだが、マレーシアとタイの部隊も第一陣の一部だった。国際部隊による速やかな秩序回復に続き、一九九九年一〇月に、荒廃した東チモールを再建し、独立への準備を支援するマンデートを持つ、国連東チモール暫定行政機構（ＵＮＴＡＥＴ）が創設された。私は半年後の二〇〇〇年二月に東チモールを訪問した。事務総長特別代表のセルジオ・ヴィエラ＝デ＝メロとともに街を車で進みつつ、焼けただれた建物と、インドネシア軍とその民兵による恐るべき破壊の爪痕を目にした。それから、ヘリコプターで、住民投票後の殺戮が最も激しかったリキシャに向かった。ナーネと私は数百人が殺害された村の教会を訪ね、花輪を献呈した。そこに立っていると、東チモールの人たちが次々にやってきて、沈黙のなかでわれわれを抱擁した。その日の午後、独立指導者シャナナ・グスマンと私が自由で平和な将来について語るのを聞くために、約五〇〇〇人の人が集まったが、私は東チモールの人びとが自由のために払わなければならなかった、恐るべき代償について考えざるを得なかった。

住民投票後の暴力をうけて、UNTAETが設置されたとき、家屋、商店、役所、教会といったほぼすべてが略奪され、ズタズタにされて、火を放たれた状態にあった。この残骸を前に、われわれは無から新たな政府を構築しなければならなかった。この困難な課題にあって、私は再び、信頼する人道支援の高官であるセルジオ・ヴィエラ＝デ＝メロを、戦争で荒廃したこの国の、国連ミッションの長に任命した。東チモールに到着後、セルジオは、国連がどのように東チモールを統治し、独立支援を行う構えであるかについて、記者会見で語った。国連を疲弊させていた平和維持と介入の文化と実践についての議論を反映させながら、セルジオは、UNTAETは過去の罠と試練に縛られないという決意を明らかにした。「東チモールでは、虐待があり、戦闘があり、被害者がある状況です。それなのに、十分な兵力をもって対応しないとか、発砲しないというような、通常の古典的な平和維持のアプローチをとることはしません」とセルジオは述べた。「国連は過去にこのような行動をとりましたが、東チモールでそれが繰り返されることはありません」。

二年後の二〇〇二年五月、私は独立を祝うために、東チモールを再訪した。国連旗を降ろし、東チモールの旗を揚げながら、私は四五年前のガーナ独立の日におぼえた興奮と期待を、聴衆に向けた言葉のなかに込めた。深夜一二時に始まった、ディリのメインスタジアムにおける独立式典で、シャナナは未来について、力強い言葉で語った。「わたしたちは、よりよい暮らしのために、独立を勝ち取りました。すべての人、とくに指導者に、以下のことを覚えておいていただきたいと思います。鍛錬はわれわれの力を強化する、寛容は民主主義を強化する、和解は統一を強化する」。この日は、国連にとって、真に重要な達成がなされた日であった。国連が、人権と自決の原則のもとに国際社会の意思をつのり、そして自治へと導くことで、囚われた人びとの運命を変える能力があることが証明されたのだ。

われわれは東チモールの人びとを祝福し、非常に危機的な時に彼らとともにあり、外交的キャンペーンを通じて、インドネシア政府の合意と国際社会の支援をとりつけ、殺戮、略奪、放火を止め、この国を崩壊から自決に導いた。東チモールの人びとが払った代償は、動揺するほど大きかった。しかし、人びとの安全と自決への要求が正当であると証明された、世界でも数少ない例として、東チモールでわれわれは稀な勝利を得た。

保護する責任——注意義務としての介入

インドネシア政府の方向転換は劇的だったが、究極的には希望がもてるもので、一九九九年九月の国連総会の背景となった。それに先立つ一八カ月の間、世界はコソボと東チモールという二つの分離危機に直面し、その中で主権と介入、諸国民の権利、国家の責任についての世界的な議論が沸き起こった。私はこの二つの危機——とくに東チモールでは国連が中心的な役割を果たした——において、自らの集中的な外交努力を、介入についての枠組みを再構築する決意へとつなげ、国家が領域内でとることが許される行動についての限界を設定するにあたり、国連の中心的な地位を回復しようとした。この時期に、私は介入の複雑性と、それを取り巻く対立する要求について認識することに努めようとした。介入の問題には、原則論もあったが、さまざまな立場がある国際社会において、さまざまな見方があった。

最終的には、われわれの介入への取り組みが成功しているかは、戦争や制裁の結果ではなく、人命救助に利することがあったかによって判断されるべきであった。したがって、正直なところ、もし介入が必須となる前に紛争を推し進めようとする人物の行動を変えることができれば、多くの命を救うことができる。予防は複雑で、いろいろな形態をとりうる。一つの形態は、紛争に発展しそうな明確な対立に対応して、外交努力を継続的かつ献身的に行うことである。この予防介入の哲学こそ、私がのちにナイジェリアとカメルーンの双方が領有権を主張しているバカシ半島をめぐる、表面化していないが、きわめて起こりうる危機に応用したものである。これは、両国間に存在する長年の紛争要因であり、二〇〇二年に発表される予定だった国際司法裁判所(ＩＣＪ)による裁定によっては、バカシの住民を含む、ナイジェリアとカメルーンの両国民を巻き込んだ国内の暴動が起き、両国間の敵意を煽りかねなかった。私は、このような事態が、実際紛争が始まると、どれだけ複雑化するか散々経験してきたので、ＩＣＪの裁定が下される前に、この問題が平和裏に解決されるよう、係争両者の間の対話を可能にする外交的枠組みと手段を整える準備をした。数年にわたる外交努力と、国連が仲介したナイジェリアとカメルーンの対話が生んだ打開により、両国間の平和と安定が維持された。介入の代替的形態が成功した重要な例である。

しかし、国際社会における予防には、論争的な側面がある。それは国際システムにおける抑止効果である。たとえば大規模な人権侵害に対応するため、軍事力が行使される可能性があることは、国家が人権侵害を行うことへの抑止として働く。事務総長として、私は以下のことを強く確信していた。先進国であろうとそうでなかろうと、世界のあらゆる国の人びとは、国連の人道的介入についての姿勢、つまり、国連が国家権力に屈せず、人命を救い、人権を擁護することに貢献しているか否かによって、国連が信頼に足るかを判断する。犯罪行為に手を染めた国家が、自らの領土内なら何をしても許されるわけではないことを理解していれば、そして安保理が人道に対する罪を停止させるための行動をとると知っていれば、主権の無謬性にたのんで、非人道的な行為を行うことはないであろう。一九九九年九月の国連総会演説において、私は「国連が、人道への集団的良心の擁護者となりえないのであれば、誰が平和と正義を保証するのだろう」と述べた。

一連の質問を提示しながら、私は自らの立場をこれ以上ないほど明確にしようとした。「大規模虐殺から文民を保護するための介入という、現在発展しつつある国際規範は、国際社会に深刻な挑戦をするものであることは、疑いの余地はありません」と私は所見を述べた。「国家主権と個人の至高性の解釈の進化は、しばらくのあいだ、不信、懐疑、さらに憎悪を招くことでしょう。しかし、これは歓迎すべき進化なのです。なぜか？　制限され不完全ではありますが、現に人びとが耐えている苦しみをより憂慮し、そうした苦しみを終わらせるために尽力していることこそが人道主義の証だからです」。

人道史上最も血塗られた世紀であった二〇世紀最後の年が終わろうとしていたが、このような国際関係上の発展は、世紀の幕引きに、希望を残した。新しい世紀は、もちろん戦争と紛争を免れないであろう。これは確かなことだった。新しい世紀においても、われわれは平和と共存への障害と戦わなくてはならないし、新興勢力や、想像もつかないような憎悪の陰謀といった新たな挑戦を迎えるだろう。国家による少数民族などへの弾圧は続くが、介入の理想は、パワー、能力、政治的意思といった現実との天秤にかけられるだろう。

二〇〇〇年九月、ロイド・アックスワーシー外相に代表されたカナダ政府が、一九九九年の国連総会での演説で私が行った提案に応えてくれた。カナダ政府は著名な学者と外交官から構成されるグループを結成した。このグループの目的は、精力的な元オーストラリア外相のギャレス・エヴァンスとアルジェリアの外交官で国連の要職も務めたモハメド・サヌーンの指揮のもと、私が提唱した新しい介入という規範の実施についての報告書を作成することだった。このグループの最大の貢献は、報告書のタイトルに現れている。国際社会の介入する権利という概念を、この報告書は各国および国際社会が受け入れるべき「保護する責任」という概念に組み替えた。

カナダが結成したグループが国際社会に向けてのドクトリンを熟考しているのと同時期に、人道的介入の文化が、多くの大国の行動に見てとれるようになった。私が事務総長であった時期に、幾人かの感銘深い世界の指導者が、この呼びかけに明らかな反応を示した。一九九九年から二〇〇〇年初めにかけて、シエラレオネの国連平和維持ミッションは大きな試練を経験した。紛争当事者の非妥協的かつ残酷な意図により、ミッションは崩壊の危機にあった。英国首相のトニー・ブレアは揺るぎないサポートを提供してくれた。シエラレオネは一九九〇年代に暴虐な内戦を経験し、国土を荒廃させていた。英国政府は、同じような内戦を繰り返さないよう、二〇〇〇年五月に決定的な軍事介入を行い、反乱勢力を敗退させ、シエラレオネの政治システムが機能できる状態に戻した。国連の活動も、シエラレオネも救われた。これはブレアの勇気あるリーダーシップに大きく負うもので、それ以来、今日まで続いている安定的な和平プロセスに道をつけた。

フランスのジャック・シラク大統領も、強力かつ決意に満ちた盟友であり、特にコンゴ民主共和国（DRC）における御しにくい紛争において協力しあった。二〇〇三年に、DRC東部のイトゥリ州からの数千人規模のウガンダ平和維持部隊の撤退によって、地域文民すべてが、危機に瀕する可能性があった。同地で平和を構築するための時間を稼ぐには、それまでイトゥリ州で展開されていた中立的な平和維持活動よりも強力な軍事介入が必要だった。DRC東部の問題は深刻かつ長期にわたり、これからもその状況が続くと思われた。しかし、シラクはこの明らかな危険からイトゥリに住む人びとを保護するために、兵力が必要だという私の要請に応えてくれた。シラクはDRCにおける国連のプレゼンスを強化する目的で欧州諸国から派遣された兵力による短期かつ不可欠な介入を指揮するために、よく整備されたフランス部隊を送ってくれた。

人道的介入をめぐる議論は、途上国が神聖視していた不介入の権利についての議論と同様に、しばしば紛糾したが、「保護する責任」は定義上、より包括的で協力的であり、かつ対立的ではないものである。「保護する責任」は、人道的介入についての議論をさらに進めるための、素晴らしく刷新的な考えであった。二〇〇五年に「より大きな自由を求めて」と題して発表された私の報告書は、加盟国が「保護する責任」を公式に承認する動きを呼んだ。六年後、私は主権と介入についての討論を開催し、加盟国は個人的および集団的尊厳の原則を採択した。

これは、反対する人びとが指摘するほど、国連にとって急進的な動きではなかった。もちろん、崇高とは程遠い理由によって、安保理メンバーの一部がこの原則を選択的に利用するのではないかという懸念は正統なものであった。しかし、国内紛争と、憲章に書かれた「国際平和と安全への脅威」を区別しようとする古い通説は、実は決して絶対的なものではなかった。憲章は「政府」ではなく、「人びと」の名の下に発せられたものであり、その目的は国際平和の維持だけでなく——それは最も大事な目的ではあるが——、「基本的人権と人間の尊厳および価値に関する信念をあらためて確認する」ことでもある。憲章は政府に人権や人間の尊厳を否定する権限を与えるものでは決してない。主権とは単なるパワーではなく常に責任を伴うのだ。

世界人権宣言も純粋にレトリカルなものではない。総会は人権宣言を採択した同じ月に、南アフリカのアパルトヘイトについて憂慮を表明する権利を行使することを決定した。ここでは、国際的な人権への懸念が国際社会における不干渉の訴えの優位にたったのだ。総会は、世界人権宣言を採択する前日に、すべての国に最悪な犯罪を「予防し処罰する」義務を課す、ジェノサイドの防止および処罰に関する条約を採択した。

保護する責任はみかけによらず善良な響きのする概念である。実際、不処罰の影で自らの市民をいいように扱いたい指導者にとって、この概念は極めて厄介なものである。コソボと東チモールにおける経験が示したように、パワーの現実、兵力の有効性、政治的意思を結集することで、市民を深刻な人権侵害から守るための理想に限りなく近づくことができるのだ。

しかし、このような新しい主権と介入についての考え方に限界があるのも、また、たちはだかる政治的思惑に懸念があり続けるのも事実である。スーダンの遠隔地ダルフールで起こったことは、政府が国民をどれだけ迫害し、苦しめることができ、一方で国際社会がどれだけ無力であるかを明確に示すこととなった。

ダルフール――保護する責任の失敗

保護する責任というドクトリンが外交や政治の場で広まり始めたちょうどそのころ、文民の保護は、実践の場で崩壊しようとしていた。史上最大規模かつ非常に長期化した失敗の一つである、ダルフール紛争においてである。

二〇〇三年一二月、私はダルフールの状況について初めての警告的発言を行った。当時、安保理はダルフールの入り組んだ問題について討議するつもりはなかったので、私は発言以上のことはできなかった。事態が長期化するなか、交渉に努めたが、勝算はほぼなかった。

ルワンダでは一〇〇日間で八〇万人が犠牲になるという強烈なペースで事態が発生したが、ダルフール紛争の強烈さは、長期化という点であった。紛争が始まったのは二〇〇三年二月二六日との見解が支配的だ。米英が安保理の承認なしにイラクに侵攻する少し前のことで、ほぼ無名の反乱集団がダルフールの一角の飛行場を襲撃したのだ。ニューヨークの国連を含め、当時この事態に注意を払った人はほとんどいなかった。

スーダン政府の対応はその後開始されたが、実はダルフールの人びとはもう何年も治安の悪化と暴力に支配され、村や生計の手段、人身への散発的な襲撃にさらされていた。法の支配や政府による保護が不在の状況が、この紛争を生んだ反乱行為を部分的に支える結果となった。二〇〇三年二月二六日の襲撃の結果始まったものは、拷問のように長く広範囲な戦争で、並外れたスケールでの人権侵害を引き起こした。

その襲撃以前から、スーダン政府はその領内で、いくつもの暴力的な紛争に巻き込まれており、政府は軍事力を最大限に結集させていた。まず、エリトリアとの国境に近い東部での紛争があった。さらに、より深刻な南部の問題があった。南部の分離派との二〇年に及ぶ内戦は、当時、困難かつ遅々とした和平プロセスの最後の苦難の段階にあった。こうした紛争に加え、スーダン政府はダルフールの非アラブ系集団による、きわめて強力な反乱に対処することになった。この状況において、軍事力を最大限に拡張し、二〇〇三年半ばより、スーダン政府はダルフールの反乱への対策を展開したが、これは残虐な代理戦争の形をとった。

ダルフールの反乱勢力の脅威と対峙するために、政府は代理となる勢力を引き入れるという無法な方策にでた。現地の民兵、武装組織や部族を使って戦わせたのだ。この戦いは流動的でうつろいやすいものであったが、ダルフールの人びとに対する恐怖と絶望をもたらした。二〇〇三年末には、この状況が国際社会にもはっきりと認識されるようになった。この頃から、国連幹部が国際社会に対して、ダルフールでなにか重大な事態が発生しつつあるという公式の警告を発するようになった。

ギャングと部族の戦闘員からなるこの略奪部隊の中枢となったのは、ラクダや馬に乗った、ジャンジャウィードと呼ばれるアラブ系バッガーラ部族の武装牧畜民であった。ジャンジャウィードはスーダン政府から武器を供給され、ダルフールの非アラブ系の村々を野放図に襲撃することが許されていた。これまでの散発的なパターンの襲撃に代わり、ダルフール全域で、非アラブ系の村々が、人命と生計の手段に対して際限なく組織的な攻撃を体験することになった。この方法を支えたのは、単純かつ暴虐的な戦略ロジックだった。村人が追われれば、反乱勢力もそれに続いていなくなるだろう、という考えである。

ジャンジャウィードはスーダン軍から情報提供を受け、ロケット砲、爆弾、重機関銃などを搭載したヘリコプターや航空機などの支援も受けていたため、ダルフールの人びとは、この現代と中世が入り混じった手法で行われる略奪や大量レイプの攻撃から身を守る術がなかった。ジャンジャウィードのような勢力にとって、精密な攻撃目標の設定というものは存在しなかった。スーダン政府は意図的に、全人口を標的にした制限ない襲撃となるプロセスが起こるに任せ、またそれを支持した。ジャンジャウィードに襲われた住民にとって、レイプされ、殺傷されるか、また環境劣悪な砂漠地帯に逃避する以外に選択はなかった。

私はダルフールの状況に深く憂慮しながら、スーダン危機に関心や影響力のある国家元首などと数々の電話会議を行っていたが、紛争初期の二〇〇四年三月二九日、スーダンのオマル・アル＝バシール大統領に自ら電話をかけた。その日、私はスイスのビュルゲンシュトックで、大詰めを迎えていたキプロス和平プロセスの交渉に参加していた。いくつもの危機に同時に対応するのは、いまや本業の一つだった。私は何度かバシールに電話をし、ようやくつながったときに、キプロス交渉の席から抜け出した。

「ダルフールの状況のことでお話ししたく、電話をしています。深刻な事態だと受け止めております」。通訳のために、私は間を置いた。「状況は非常に悪いです」と私は続けた。「ジャンジャウィードの戦闘員が住民のレイプ、殺害、追放を続けているという、事実に立脚した信憑性のある報告を受けています。スーダン国内で推定七〇万人が避難し、また大量の難民がチャドに逃れています。人びとはジャンジャウィードから保護される必要があります。この状況は緊急で、そして、受け入れがたいものであると強調させていただきます」。

この電話の目的や趣旨についてぼかす必要がないとはわかっていたが、それでも私は、自分の発言が、国連の要求をスーダン政府に受け入れさせるために必要な武力行使の威嚇――明示的であろうが暗示的であろうが――と比べれば、依頼ですらないことを、はっきりと自覚していた。しかし、安保理が、ダルフールの人びとの運命に対する責任をほとんど顧みていないこと、またどの加盟国もダルフールへの介入という真剣かつ確実な脅しを使おうとしない状況で、これが私のできる唯一のことだった。

それでも、私の率直な言葉を受けたバシールからの反応に、私は驚いていた。きわめて外交的に、バシールは私が憂慮していることに感謝を述べ、メディアの報道はまったく大げさなものなので、心配することはないと述べた。「ダルフールの状況は落ち着いています」と彼はいった。そして、ダルフールにおける唯一の問題は反乱分子によるもので、政府に支援されたジャンジャウィードによるものではないとの立場を示した。

そして、停戦の可能性についての見解を聞かせてほしいという私の問いを、バシールははぐらかした。バシールは、スーダン政府が対反乱作戦を緩めるという確約をしようとはしなかった。私も彼も、安保理の決断なしには、スーダン政府がとった決断を私が覆すことはできないと理解していた。

しかし、少なくとも、人道援助物資の供給と人道援助関係者のアクセスについては、私はバシールに圧力をかけようとした。電話会談の間、バシールは繰り返し、ダルフールの情勢は落ち着いているので、人道援助物資の供給には問題がないと述べた。

「では、国連関係者が人道援助活動や物資の供給について問題に直面したら、大統領のお力添えをいただけるのですね」と私は質問した。バシールの立場を考慮すると、自らの発言の信憑性を維持するためにも、私と友好的関係を保つためにも、彼はこの要請に応えなければならなかった。「もちろんだ」とバシールは、これ以上ないほどぶっきらぼうな様子で確認した。

バシール自身の発言を利用して、彼を追い詰めたことで、われわれは小さな成果を収めた。それから数週間の間に、人道援助のダルフールの一部の地域へのアクセスが改善された。現場の逼迫した状況を考えれば、これはポジティブな結果とさえも言えない程度のものだったが、それでも、この援助がなければ苦しみ、死亡していたかもしれない人たちを、少しは助けることになったのでは、と私は考えた。

バシールとの電話会談と、それに続いたダルフールについてのほかの要人との会話は、危険な真空状態の中でなされたものだ。ダルフールをめぐる大国の、とくに安保理に絡んだ政治的圧力と政治的意思の不在という真空状態だ。その後の数カ月、そして数年の間、紛争は継続し、スーダン政府のダルフール戦略の結果、最大五〇万人が死亡し、何百万人もが避難を余儀なくされ、生計の手段を失ったと推定された。スーダン政府は大規模な暴力と人権侵害から自国民を保護する意思も能力もなく、紛争は長期化していった。

しかし、困難であるが、明確な解決への道はあった。スーダン政府の許可があろうとなかろうと、外部のアクターにも、ダルフールの文民を保護するために介入し、攻撃を停止させる責任があるのだ。

二〇〇三年後半までに、行動を求める声が各所から、国連のなかからも含めて、上がるようになった。国際社会はなにかしなければならない。ルワンダを経験した世界は「あの悲劇を二度と繰り返してはならない」と誓ったではないか。しかし、安保理はリーダーシップを発揮して、ダルフールの危機に正面から立ち向かうために必要な手段を取ることを拒絶した。紛争初期に見られたこのような対応の鈍さは、南北スーダン和平プロセスへの配慮からであった。このプロセスは二〇〇三年末か二〇〇四年初めには完了するものだと期待がかかっていた。南北スーダンの内戦は二〇年以上続き、数百万人が死亡しており、それまで和解の余地はないかに見えていた。この紛争の終結は平和にとって重大な意味を持ち、米国、英国、ノルウェーの三カ国によって主導された交渉の当事者たちは、解決に尽力することを決意していた。二〇〇三年一二月から二〇〇四年一月にかけて、ダルフールでの一般市民への攻撃の報告が蓄積するにつれ、南北和平プロセスの交渉に従事する者すべては、この時期にダルフール問題について強硬姿勢を取ることは、和平交渉を頓挫させる可能性があり、したがって、和平が実現されればその恩恵を被る何百万というスーダン人に影響を及ぼすことになるのだと考えていた。

二〇〇三年一二月から二〇〇四年一月、スーダン南北和平の趨勢と、手に触れそうなくらい近くにある合意のことを考慮し、私はこの見解に賛成した。南北和平プロセスを阻害しないためには、ダルフール問題については、慎重な姿勢をとるよう、補佐官たちに指示した。政府との交渉で、ダルフールが中心議題になるような事態は避け、他の会議の機会を利用するように、と。この決断はつらいものだった。われわれには二つの選択肢しかなかった。ダルフール問題について政府を批判し、その結果南北和平交渉を決裂させ、さらにダルフール問題についてなにも進展を見ないか、または南北和平交渉を完了しつつ、スーダン政府にダルフール紛争を沈静化し終了させるよう、できる限り働きかけるか、だった。最良のシナリオとして、われわれは速やかに南北交渉を完了し、ダルフール情勢に対して包括的かつ決定的な対応をすることを望んだ。

それから二カ月以内に、ダルフールで展開した事態の結果、このアプローチは不適切であることが明らかになった。ダルフールで大規模な人権侵害が発生していることがこれほど確実である以上、南北和平プロセスを、ダルフール情勢を無視して進めることはできなくなった。ダルフールでの事態を考慮すれば、その当事者が、もう一つの和平プロセスに参加するというのは、整合性を欠く事態だった。私は、外相や国家元首、政府の代表を含む、この紛争の交渉や仲介に従事する人びとに、ダルフールの事態は、南北スーダン問題と切り離して考えられるべきではない、との警告を発した。しかし、具体的な提案なしには、安保理にはびこる、南北和平が第一であるとの姿勢を変えることはできなかった。

いつもながら、安保理は割れていた。とくに、二〇〇四年の議長国であったパキスタンは、ダルフール問題を安保理の議題に入れることを拒否した。パキスタンは、ダルフール問題が、介入を惹起することを見て取った。基本的に、パキスタンは国家主権に介入するような行動には反対であったし、さらにそれが開発途上国でかつイスラム教の国に対する場合は、なおさらだった。中国も障害になった。パキスタン以上に人道的介入に懐疑的な中国は、国内の経済発展促進のための原油輸入を取り付けるという形で、スーダンと連携していた。中国は一貫して、国連憲章に基づいて安保理がスーダンに対してとりうるいかなる強制的手段も阻止する姿勢をみせた。

しかし、理論的には、中国やパキスタン、さらに同じように懐疑的な安保理メンバーを説得する交渉や代替案を生む余裕があった。より協調的かつ斬新な外交努力がなされるべきであった。たとえば、常々強固な姿勢をとるシリア政府は、この数カ月の間、安保理で、イラクに対して過酷な決議に賛同することを説得された。シリアはこの決議に反対票を投ずると思われていたが、各方面からの圧力を一定期間受けた結果、決議に賛成した。さらに、コソボ危機の際、ＮＡＴＯはコソボのアルバニア系住民を保護するための実効性ある人道的介入を実施するために、安保理においてロシアが拒否権を発動することを予想し、堂々と、国連憲章の規定からはみ出る行動に出たのである。ダルフールは、国際社会が再び制度上の制約に反する行動をとらなければならないほどの深刻な事態となっていた。

しかし、ダルフールの人びとを救うための現実的な行動は実現しなかった。ダルフールはフランスと同じくらいの広さであり、アラブ人が国の支配者層であった。もし欧米が軍事介入を行えば、スーダン政府はただちに、アフガニスタンとイラクに続き、イスラム教国が三回続けて侵略された、しかも石油とガスの豊富な国だ、と指摘することだろう。バシールは内輪の席で「欧米が聖戦をしたいなら、受けて立つ」と言ったそうだ。現地の状況もまた、非常に複雑であった。ルワンダのように、特定の民族集団を、組織的かつ意図的に消滅させようというような動きがある状況ではなかった。対立の構図は明らかでなく、ばらばらで流動的だった。どの勢力がどこをいつ支配しているのかも、同様に不明瞭だった。ダルフール紛争は、その無秩序で混乱した点において、ルワンダよりも、ソマリアやコンゴで起こった事態に似ていた。このような状況は、安保理メンバーの消極姿勢を強めるばかりだった。

躊躇しつつも、われわれは二〇〇四年七月一日にスーダンに到着し、公式訪問を開始した。ダルフールと、チャドにある避難民キャンプへの訪問も予定されていた。ダルフールの人びとが置かれた状況を直接見ることは難しかった。スーダン政府はあるキャンプを一晩で移動させてしまい、その結果、われわれは到着後にそのキャンプを視察することができなかった。これはなにか恐ろしいことを隠蔽しようとしている政府がとる行動にほかならなかった。われわれが会うことができた避難民は邪悪なまでに情け容赦なく武装集団が略奪を行ったお馴染の手法について、ダルフール全土が瀕した恐ろしい受苦を裏書する証言をしてくれたが、彼らの証言はすでにわれわれが聞いていた話を繰り返したものだった。

七月二日に、われわれはバシール大統領と政府高官と会談した。最悪の虐殺に責任のある指導者と会うときいつも感じることだが、バシールも上品な様子をしていた。邪悪に責任あるものは、邪悪が毛穴から染み出していると想像されがちだ。しかし、私が一九九八年に紛争解決のためにイラクに特別訪問した際に会談したサダム・フセイン同様、バシールはクールで、礼儀正しく、友好的に見えた。

おかしなことに聞こえるかもしれないが、流血の惨事に責任がある人物というのは、だいたいこのようなものである。

バシールは一九八九年から大統領を務めていた。このように長期にわたり権力の座にあるためには、狡猾で情け容赦ないことが必要とされる。首都ハルツームの大統領宮殿で会談した際、バシールは私の訪問に謝意を述べ、ぜひ意見を伺いたいと述べた。私は返礼として、ホストであるバシールに謝意を述べたのち、すぐにダルフール問題に移った。

「国際社会は包括的和平がスーダンにもたらされることを待望しております」と私は述べた。「この件について、米国のコリン・パウエル国務長官や、他の安保理メンバーの外相と幾度も話し合いましたが、皆スーダン政府が早急かつ効果的な対応をされることを望んでいます」。バシールはこの発言に感心し、懸念している様子はなかった。彼は幾度となく、私がダルフールの民間人の運命と継続する暴力行為——会談の二日前に発生した事件への言及も含めて——について広範にわたって述べたことに反駁しようとした。バシールは、回答として、紛争は反乱勢力が始めたものであり——虐殺に責任のある政府の典型的な主張である——、紛争によって生じた権力の空白をスーダン政府は懸命に修復しようとしていると強調した。

「国際社会は、スーダン政府がジャンジャウィードをコントロールできる立場にあり、また彼らに空からの支援を与えてもいると強く確信しております」と私は発言した。「脆弱な立場に置かれた人びとを保護するための特別な措置が、ただちにとられなくてはなりません」。バシールは、ダルフールの大部分の人に対する軽蔑的な態度を示すような返答をし、人びとの苦しみへの無感覚なまでの無関心をもって、この要請を退けた。「われわれは村を襲っているジャンジャウィードへの空爆を行いました。村の住民がそれを認めていないなら、事実を語っていないことになる」。

メディアの一部は非公式に、なぜ私がこの会談中に軍事介入の可能性を示すことで、バシールを威嚇しなかったのかと尋ねた。私は以下のように返答した。――それは最悪の選択だったのでしなかった。安保理が行動しようとしないことを十分に理解しながら、バシールに対して強硬な姿勢をとり、軍事介入の可能性を示唆することは、安保理の信頼性をさらに損なう結果となっただろうからだ。実行が伴わないと、スーダン政府をさらに大胆にさせてしまうだろう。さらに、安保理の行動にとって鍵となるのは、メンバー間の団結である。事務総長が安保理を代表して、安保理メンバーが思惑を一致させていない問題に絡んで威嚇を行うことは、メンバー間の分裂をますます広げるだけである。その結果、スーダン政府は国際軍事行動の可能性がかけらもないことをますます確信するだけである。

バシールとその他の政府高官との話し合いから、安保理全体と個別のメンバーのだれもが、スーダンと対決しようとしていないことに、スーダン政府が確信をもっていることは明らかだった。ダルフールの面積、地理的位置が生む複雑性、紛争の性質、イラクでの反乱と宗派間対立の悪化が、米英部隊を消耗させている現実を前に、国際社会がスーダンにかかわることはない、と。そしてスーダン政府の読みは完全に正しかった。

国連とスーダン政府が折衝のうえで共同コミュニケを発表するという結果だけを残し、われわれはスーダンから出発した。この文書のなかで、スーダン政府はジャンジャウィードを武装解除すること、ダルフール紛争の包括的解決に速やかに尽力すること、そして「遅延なく」人権侵害への加担を告発されている個人を裁くことを約束した。もちろん、これらはむなしい誓いにすぎなかった。

当時、多くの人が関心を持ったのは、ダルフールの状況がジェノサイドを構成するか、であった。この問いが関心を呼んだ背景には、ジェノサイドが発生しているなら、スーダンに対する措置をとらなくてはならないという間違った前提があった。ジェノサイドであるなら、スーダン政府に立ち向かうべきだ、という考えは、しかしながら正しくなかった。NGOと人権団体はダルフール問題解決のための国際的行動を呼びかける世界的に大規模なキャンペーンを展開した。過去に国際的な軍事介入が必要であると判断された大規模な惨事は、ホロコーストやルワンダでのツチの虐殺の例を見ても、すべてジェノサイドであることが明白であった。しかし、ダルフールへの介入が正統化されるには、事態が、これまでの例と同様に「ジェノサイド」であると確定されなければならないという見解は正しくなかった。こうしたキャンペーンは、結果として、各国にダルフールの事態をジェノサイドであると認めるように迫るものとなっていった。

こうした圧力への対応として、二〇〇四年七月九日に、米国下院はダルフール紛争をジェノサイドであると宣言する決議を行った。その結果、なにかが起きると思われていたが、そうはならなかった。問題は、ダルフールの事態は、どのような法的解釈によっても、あきらかにジェノサイドを構成するとはいえないことであった。米国下院が承認したこの宣言によって、安保理の議論は、何百万人を苦しみから救うために何をするべきかではなく、ダルフール紛争の定義に重心を移してしまった。たとえば、二〇〇四年九月七日に、紛争がジェノサイドであるか否かが重要課題と考える英国外相のジャック・ストロウは――この点が、国際社会の議論の争点になっていたからであるが――、私に繰り返し質問した。「もし今日、この紛争がジェノサイドであるか否か聞かれたら、あなたはなんと答えるのですか」。

私は数カ月にわたってこの問題を扱ってきたので、これまでと同じような回答をした。「この紛争をどう定義しようと、事実は明白に重大かつ組織的な人権侵害と国際人道法の違反がダルフールで発生しており、状況は世界最大の人道的大惨事であるということです」。私にとって、これが最も重要なことだった。しかし、ストロウは事態がジェノサイドであるか否かについての私の見解を尋ねた。「私はこれをジェノサイドとは呼んでいません。専門家チームが現地で調査しましたが、ジェノサイドの法的定義が当てはまる状況であるとの結論には達しませんでした。現地の複雑な情勢もあり、この状況は厳密にいうと、民族浄化であるとすらいえないかもしれません」。世界の指導者たちを当時悩ませていたこの議論は実は意味がないのだという懸念を、私が表明しようとしたにもかかわらず、ストロウは、それではこの紛争をどう定義するべきなのかと質問を続けた。明らかに、この問題は英国やその他の諸国で、内政上の重要事項になっていたのだ。

「事務総長が安保理に、本件はジェノサイドであるか否かを提言することは可能ですか」。ストロウは質問した。

「可能です」と私は答えた。「しかし、国際社会が、ダルフールでの事態が深刻であり、対応が必要であるという点で一致していることを踏まえたうえで、これがジェノサイドであるか否かを議論しているのだ、と強調したい」。

これは、私がそれまで数カ月の間、スピーチやインタビュー、政治家との会話のなかで繰り返してきたメッセージだったが、良い反応はなかった。むしろ、ダルフール紛争の正しい定義を決めることへの執着は続いた。私がストロウと会見した二日後の二〇〇四年九月九日、コリン・パウエルがダルフール紛争に触れ、「ジェノサイド」であると言及した。ダルフール紛争の定義をめぐる議論に終止符を打ち、行動に移ろうという方向に行くことなく、この発言は議論に拍車をかけただけであった（パウエルはこの新たなレトリックも、米国の対ダルフール政策を変更することはないとも述べた）。この結果、安保理は、調査委員会を結成し、ダルフール紛争がジェノサイドであるか否かを調査することになった。高名なイタリアの裁判官アントニオ・カッセーゼが率いた委員会の結論は以下の通りだった。「ダルフールでは明白な人道に対する罪や戦争犯罪が行われており、それについての責任は追及されるべきであるが、スーダン政府のダルフールでの作戦は厳密にいえば、組織的なジェノサイドを計画したものとは言えない」。しかし、この結論は委員会が安保理に報告を行った二〇〇五年一月まで明らかにならなかった。

国際政治において、レッテルを貼ることは、常に危険を伴う。主唱者は、何が問題なのか、すなわち人びとの苦痛に焦点を当てることよりも、定義づけに一心不乱になる。ダルフールで数十万の人びとが苦しんでいるという事実の前で、「ジェノサイド」というレッテルは関連がなかった。しかし、あたかもジェノサイドであるとの決定のみが、国際社会全体の恐怖と憂慮に値する邪悪を意味するのだという、「ジェノサイド」へのこだわりの結果、どのような行動をとるべきかという議論は大幅に遅れた。

一般市民が苦しんでいる状況において、その状況に冠される名称や、そのような絶体絶命の状況を生んだ動機が何かは、問題ではない。死者は増え続け、その大半は、政府の決定と政府の代理としての武装勢力の行動の結果による死であった。これは犯罪にほかならなかった。ダルフール紛争が体現したものは、「ジェノサイド」のみが最も凶悪な人道に対する罪を意味するのではなく、また行動を起こすために必要な唯一の引き金でもないということであり、この教訓は生かされるべきである。ダルフールで苦しみ死んでいった人びとの数がそのことを証明している。

結局、安保理が真摯に見える最初の対応をし、国際部隊をダルフールに派遣するまで、集団レイプ、身体損傷、殺害、放置、疾病、栄養不良による何十万人の死と、さらに何百万人もの避難がほぼ四年間続いた。二〇〇七年後半、私の事務総長の任期が二〇〇六年一二月末をもって終了したのちに起こった対応も、「強健な平和維持活動」ミッションを派遣したにすぎなかった。それは、「保護する責任」を支持する目的を持った、真の人道的介入ではなかった。現場の状況にインパクトを与え、ダルフールの住民に恒久的な保護をもたらすためには、強力な介入が必要であった。

実際には、二〇〇七年八月に、一万九〇〇〇人の平和維持部隊を、年末までに派遣することが承認された。ミッションは、この種の平和維持部隊が提供できる、おなじみの二義的な役割のみを提供することになった。つまり、部隊は主に自発的な武装解除の支援、監視、人道援助活動の保護をすることになり、また自衛もその活動に含まれていた。もちろん、部隊の活動は一助となったが、現場の状況に抜本的なインパクトを与えることはできなかった。

さらに、二〇〇七年のミッションのダルフールへの立ち入りは、スーダン政府の完全な許可をもってのみ可能であった。部隊のマンデートにはそれでも文民の保護が含まれていたが、実際、その資源、マンデート、意図からして、ミッションがダルフールの住民を大規模な人権侵害から保護するという根本的な挑戦に応えることにはならなかった。


「保護する責任」は航空機、戦車、ヘリコプターや、大量虐殺を行う軍隊を殲滅するための機動力のある軍事介入だけを意味するのではない。歴史は、残虐な人権侵害やその可能性がある状況で、いつ軍事介入がされるべきかについて教訓を与えているが、「保護する責任」は、世界の人びとの命と権利を担保するための非常に広範囲の活動、介入の異なる段階を含むものである。コソボのような、緊急軍事介入が必要なケースもあるが、それだけでは不十分である。最終的には、長期間にわたる文民の保護が可能になるには、人びとが生きる環境に存在する平和的構造が、邪悪を行う破壊的な行動に対してどれだけ安定と強健さを保つことができるかにかかっている。「保護する責任」の正しい定義は、なかんずく、人命と人権を守るための、主に国内での継続的な体制を確保することである。

将来、私は「保護する責任」が人びとに、政府の責任について追及する基準となる物差しを与える規範になると考える。同様の進化をとげた一例として、今日当然の規範として受け入れられ、国際社会の根本的な文書として参照される、世界人権宣言を挙げたい。もし、人権宣言が第二次大戦以前に存在していたら、世界の状況は違うものになっただろうか。人びとの名によって行われた非道から人びとを救っただろうか。政府、個々人、市民社会は人権宣言を使って、どのように行きすぎた行為を止めただろうか。今日、世界的に認められた一連の人権は広く知られ、人びとが保護を要求する基準として使われている。「保護する責任」は人権宣言に依拠し、事態改善のために介入する能力のあるグローバル・パワーにも責任を課す。

われわれは、個人の生命と権利は内政事情であり、他国には関係ないという議論に挑戦してきた。また、われわれは独裁者たちに、主権はもはや大規模な人権侵害を隠す盾としては使えないことを言明した――あなた方には責任があり、説明する義務がある。

第四章

人びとのための国連

――グローバルガバナンス改革と法の支配の回復

国際刑事裁判所を設立するローマ規程調印のセレモニーにて．
国際法の進歩と戦争犯罪や
人道に反する罪の不処罰との戦いの前進を告げた注目すべき瞬間．
（国連写真部）

国連は何のために存在するのか。私は、国連が直面するさまざまな問題と、国連がどのようにそれらの問題に取り組んできたかを見ながら、より頻繁にこの問いを自問するようになった。PKO局長として、私は紛争によって人びとが深く苦しむのを目の当たりにした。人びとは国連が安全を提供してくれるのだと期待し、そしてそれが不可能であることを思い知るのだった。われわれの使命に対する責任を再考しながら、私は国連が誰と戦うのかを明らかにしなければならないと気がついた。

自らの特典を油断なく守っている国家によって形成される機関として、国連はなによりも国家の自己保全に焦点を当てる方向に流れていった。その結果、国連はさまざまな意味で道を見失った。つまり、憲章最初の言葉「われら人民」を忘れたのだ。国連は安全保障、健康、そして機会を必要とする個々人の男性、女性、子供たちに焦点をあわせなければならなかった。国連は、人びとの名において設立されたのだから、人びとのもとに戻らなければならなかった。

二〇〇一年一〇月のある夜明け前、私はフレッド・エックハートから電話を受けた。フレッドは私が事務総長に就任して以来、スポークスマンを務めており、彼からの緊急電話は珍しくなかったが、たいていは悪いニュースを運んでくるものだった。このときは、しかしながら、ノルウェーのラジオ局からの電話の件で連絡してきたのだ。フレッドに電話をかけてきたラジオ局の職員は、ほとんど英語を話せなかったが、私の名前を繰り返していたという。「ノーベル平和賞を受賞したのだと思います」と、フレッドはいつもの冷静な調子で結論した。

最初、私はその考えを一蹴した。私はフレッドに、それならノーベル委員会が受賞者に連絡するだろう、と言った。すると、別の電話がかかってきた。ストックホルムにいる私の義理の両親、妻のナーネの両親であるグンナー・ラゲルグレンとニナ・ラゲルグレンが祝福してくれた。その後、実際にノーベル委員会そのものから電話があり、この決定が通常とは異なる方法で通知されたことを謝罪した。

私が国連と分かち合ったこの賞は、国連を再生させ、世界政治における地位を取り戻そうという試みを評価する、重大な出来事であった。ノーベル委員会は世界平和と安全保障の前進において国連が中心的な役割を果たしたことの信頼性を強調し、国連の人権とＨＩＶ／エイズ対策の分野における新たな取り組みを称賛した。国連は加盟国からなる機関であることを認識しながら、委員会は、国家主権を権利であると同時に責任でもあると再定義しようとするわれわれの努力への支持を明確に示し、私が「主権は国家がその違反行為を隠すための盾として使われることはできないことを明確にした」ことを称賛した。

国連職員にとって、これは世界で最も絶望的かつ危険な地域でささげられた犠牲に対しての敬意を意味した。そして、加盟国にとっては、国連がよって立つ価値観を再認識する機会となった。九・一一の余波がくすぶっていた時期でもあったので、これはとりわけ重要であった。国連本部から職員をはじめ、一同が退避したのは、たったひと月前のことであった。

一二月の授賞式で、私は、世界は「燃え盛る扉を通って」二一世紀に入ったとの所感を示しながら、受賞スピーチを始めた。二〇世紀は人類史上最も血塗られた世紀であったが、第二次世界大戦の灰燼から抜け出し、決意を新たに指導者たちは人類に平和と発展を約束する目的を担う機関を創設した。九・一一は二一世紀もさらに血なまぐさいものになるであろうことを示唆しており、国連の最も貧しく脆弱な人びとのための取り組みは新たな脅威と試練に直面することになるだろう。しかし、国連の本質的な選択が、正義と中立、行動者と傍観者のどちらをとるのかといえば、国連は介入の側にあり、憲章の中心である人びとを支持する立場にあると、私は結論した。

ノーベル賞受賞は、四年前の私の事務総長選出と同じくらい意外なことであった。それまで、私は国連でキャリアを積み、最後のポストはPKO局長という国際公務員が望める最も高いポジションであった。国連のキャリアスタッフが事務総長に選出された例はなかった。

しかし、一九九六年四月に私が事務総長特別代理としてボスニアでのミッションから戻った際、米国とガリ事務総長の間の対立は明らかだった。米国のオルブライト国務長官とガリ事務総長はますます犬猿の仲になっていた。米国はガリの二期目続投を支持しないだろうとの噂が広まり始めた。ガリは一九九二年初めに、五年の任期で任命されていた。それ以前の事務総長は、辞職したトリグブ・リーと、北ローデシア（現在のザンビア）で飛行機事故のため亡くなったダグ・ハマーショルドを除き、みな二期を満了していた。

ガリは事務総長の役割に、強烈な知性と世界的な視野、アカデミックな視点、それからポスト冷戦期における米国主導に対する本能的な嫌悪を持ち込んできた。しかしながら、ガリと米国の関係悪化は、彼自身のリーダーシップのスタイルが招いたものであった。米国は、常に独立した行動をとる国連トップには不寛容であった。ガリはルワンダでの国連の失敗については非難を免れたが、一九九四年から九五年には、米国がバルカン戦争に対して強硬さをとることへの障害となったようだ。

さらに事態を悪化させたのは、ガリの独裁的で秘密主義的なスタイルだった。これが国連内部で問題をおこすようになり、多数の国連職員や外交官を遠ざけることになった。この結果、米国が立ち向かってきたとき、ガリの立場は極めて脆弱だった。一九九六年半ばにオルブライトは私と面談し、米国は私を事務総長の候補として検討していると述べた。私はオルブライトと長い間よい関係で仕事をし、その間に、より適切で対応能力のある国連にしたいという共通目的をもとに、真の友人関係を築いてきた。私の決定的な強みは、国連システムがどう動くかについての知識だった。はるか遠隔地のミッションからニューヨークの職員、また国連の廊下やラウンジに集まる外交官について、私は精通していた。

一九九六年一一月一一日に開催された安保理の特別会合で、米国がガリの二期目を阻止するために拒否権を発動するまでに、私には、試練と困難が伴う事務総長の職につく準備ができていた。

国連憲章は、力ではなく権利に基づいた世界秩序のビジョンを示す、感動的な文書である。しかし、憲章は、事務総長の役割について全く明確でも包括的でもない。憲章は、事務総長を国連の行政職員の長と定義しているが、これだけでは事務総長が扱う仕事のすべてを網羅していない。当然だが、年間予算約一〇〇億ドルと四万四〇〇〇人のスタッフを監督するという行政面での仕事は膨大である。それに加え、国連の官僚主義は生き物のように拡大し、必ずしも論理的ではなかった。国際法や平和と安全保障についての決定をする最高権威である安保理は、メンバーの分裂と深刻な対立が常であるが、事務総長は、安保理を先導し、また世界各地での国連のあらゆる活動について総体的なリーダーシップを発揮しつつ、事務総長の仕事の大部分は、国連を構成する専門機関と国連に連携する組織とが適切に協調して活動しているかを確認することであった。

ＰＫＯ局長として、私は以下の分野で、国連が限界に達しているとの重要な教訓を得た。つまり、国連の能力、支援者層に訴えかける価値観、そして世界規模での課題に対応しなければならない機関の中でコンセンサスを形成する、という点においてである。私は、いままでの経験から、事務総長が有効な仕事をするには、自らの主張の正しさと緊急性について他者を納得させる能力を持たなくてはならないと理解していた。私の成功が彼らの利益にもなること、そして彼らの目的にとって、私が脅威でも障害でもないと説得することが、前進のための重要な条件である。加盟国のみならず、企業、

NGO、市民団体などの国際情勢に関与するアクターの支持なしには、私が達成できることはほとんどなかった。支持があれば、貧困、保健、人権、紛争など、国際情勢のあらゆる分野で、国連は進歩を起こす原動力に影響を持っていることは、私には明らかであった。

今日の地政学的な問題に関して、事務総長にとって、自らが力を発揮できるのはどこであるかを選定することが不可欠である。この職務の利点の一つは、公正な仲裁者、ほとんどの当事者に受け入れられる担当者として行動できることである。平和を達成し、開発を推進することが、事務総長の唯一の関心であることは、通常明確だ。しかし、加盟国が、事務総長を自らが行動しないことのアリバイとして利用することは問題である。国連では、事務総長は「SG」と略されることになっている。私は時々、これは「生贄(scapegoat)」の略だと冗談を言ったものだ。

もちろん、国家によって構成される組織である国連の下す決定が、ある程度政治化するのは免れようがない。事務総長が人権促進のための資金を募れば、開発途上国は自分たちの利益が見捨てられたと不満を述べるだろうし、開発のための資源を募れば、先進国は、事務総長が自分たちのアジェンダをおろそかにしたと抗議するだろう。この点において、私が事務総長に就任して本部ビルの三八階の主になる前に、長いこと国連で働き、前任者のほとんど誰よりも組織がどのように動くかを理解していたことは、役に立った。

一般に信じられているのとは反対に、国連は独自の財源をほとんど持っていない。平和維持活動のために、私は部隊を提供する国々に、平和維持部隊を派遣してほしいと頼まなければならなかった。

開発援助と人道援助についてはドナー各国に要請を行った。問題の重要性から、私はこれらのことに自ら通暁していなければならないと確信した。したがって、私はどのように依頼をするか、どこをプッシュするか、そして重要なことだが、相手の話をよくきき、回答を吟味することを学んだ。また大事なのは、誰に依頼をするかだ。時に、大臣や国家元首以上に、一官僚が財源を動かす力を持っていることもあるからだ。事務総長として、私の成功はあなたの最大の利益につながる、と他者を説得するソフトパワーを身に着けた。

二〇〇一年のノーベル平和賞受賞は、国連という組織とその事務総長である私に対する重要な信頼の証であり、それは国連がその歴史上決定的な瞬間にあった時期の出来事であった。ノーベル賞から一年もたたないうちに、イラク戦争への一直線の突進が、加盟国を分裂させ、国連の存在の妥当性を問うこととなった。グローバルガバナンスの構造は、ほとんど崩壊地点に達するほど試された。そして、米政権の思惑がなんであろうと、そしてイラク戦争の原因がなにか独特のものであったとしても、世界が必要なのは、安全保障についての新しいビジョンであり、それを達成するには、国連はどこに位置づけられるべきかについての新しいビジョンであることは、明らかだった。危機の中で、私は改革への機会と緊急な必要性を見出した。

テロリズム、貧困、組織犯罪、疾病、そして気候変動などの現代の主な世界的脅威に取り組むには、国家とその他のアクターが一丸となって協力することが必要である。当時も、今でも、私は国連が、必要とされる妥協と協調行動を生むための最良のフォーラムを提供していると信じている。問題は、国連がその活動と信頼性の核となる部分について挑戦を受けようとしていることであった。超大国による武力の行使をめぐり、国連が果たす役割はなんであるべきか。世界的なパワーの行使に関して、国連はどこに位置づけられるべきか。

国連本部内と加盟国間で、イラク戦争をめぐり大きな怒りとそれ以上の失望があった。事務総長として、私は人びとが一丸となれるような問題に焦点をあわせ、怒りを、分裂ではなく、なにか建設的なことにむけられる方向にもっていきたいと考えた。二〇〇三年は、イラク戦争と石油食料交換プログラムへの調査の始まりもあり、後退の年になりえた。しかし、私は国連に必要なのは、あいまいな状況に隠遁することではなく、組織の構造、加盟国からの支持、法による国際秩序の原則などをめぐる課題に向き合うことだと決意した。

二〇〇三年九月の国連総会で、私は呼びかけた。「私たちが分岐点を作らなければなりません」。私は状況を国連創設当時になぞらえた。長期的な視野を持った政治指導者の一団が、国際的な行動を律するルールを決定し、世界の人びとが共通のゴールを目指してともに行動できるようなネットワークを構築した時代であった。その六〇年後、われわれは、創設当時の基盤を続けることが可能であるか、急進的な変化が必要であるのか、決定しなければならなかった。

国連のパワー構造における最大の本質的問題は、安保理の構成である。米国、英国、ロシア、フランス、中国の五カ国が常任理事国であり、拒否権をもっているが、これは基本的に第二次大戦終了時の地政学的状況に基づいて決定されたことだ。その他の非常任理事国一〇カ国は、地理的要因を考慮に入れ、総会によって二年の任期で選出される。この状況は一部の国には耐え難く、またほとんどの国にとっても正当化できないものである。日本とドイツは拠出金の額で二位、三位であるにもかかわらず、安保理の常任理事国ではない。インドは世界の六分の一以上の人口を擁するが常任理事国ではないし、アフリカやラテンアメリカの国にも常任理事国はない。

安保理が二一世紀にその正統性を維持するには、意義ある行動をとるだけでなく、国際社会をバランスよく代表していなくてはならない。過去において、安保理はそのどちらも満たさないことがしばしばだった。集団的行動の課題がなんであろうと、世界において経済的・政治的パワーが変動したことは明らかだった。なぜ台頭する地域パワーが、二流メンバーの地位にしかつけないシステムを受け入れるか、という問いには、誰も信頼できる回答をしていない。問題は、そのような国々が安保理に積極的に反対することではなく、安保理を無視することだ。

G8、G20をはじめ、このことが問題になり始めている。しかし、私はG20への加盟を祝っていた国々に、いまだにG8のメンバーでないことはもう問題でないのか、との問いをぶつけた。いまも一七二カ国がG20に加盟できない状況である。

したがって、二〇〇三年九月の総会演説のあと、私は改革計画の一環として、二つのモデルを提唱した。どちらのモデルも、安保理の理事国数を一五から二四に増加させるという点が含まれている。

第一のモデルは、新たに六つの拒否権を持たない常任理事国を創設し、さらに三つの非常任理事国の枠を加えるというものである。第二のモデルでは、非常任理事国の枠は一つだけ追加し、任期四年の半常任理事国の枠を八つ追加する。半常任理事国は任期満了に伴い交代する。私はこの二つのモデルを安保理改革についての交渉のベースとして提示した。

常任理事国入りを目指す国々は、明らかに第一モデルを支持した――インドは新しい常任理事国が拒否権を持たないことに不満をもっていたが――。しかし、問題はどの国が新常任理事国となるかであった。日本、ドイツ、インド、ブラジルは自らが新常任理事国の候補たることを確信し、第一モデルを推したが、アフリカ諸国はナイジェリア、南アフリカ、エジプトのせめぎ合いの中、合意に至ることができなかった。アフリカ内部の伝統的な対立構図が全面に出てきた。エジプトはサハラ以北の国に一枠が与えられるべきと主張し、南アフリカは、自国がその立場上、アフリカのすべての国を代表できるとの考えを維持した。これに対し、ナイジェリアは、国土面積、人口、資源の観点から、自国こそが新常任理事国にふさわしいと返答した。ラテンアメリカでも、大国間の分裂は同様に明らかであった。アルゼンチンのカルロス・メネム大統領は、安保理加盟をめぐる戦いは、長年封じ込めてきた苦い対立関係を復活させるだけになると非難した。

新たな常任理事国枠の設立を間違いとし、既得権益への脅威とみなす国々は、これらの分裂を歓迎した。実際、理論的には多くの国が安保理拡大を支持する政策をとっているかに見えたが、実際は、特定の提案のいずれにも反対した。特定の国が常任理事国入りすることに反対する国々もあった。パキスタンは、インドが常任理事国になることは死んでも許せないとの趣旨の発言をし、中国は日本の参加について相反する感情を示した。

この争いは短絡的なものだった。安保理がその存在意義を保持するには、ある程度の拡大は不可避である。過去の議論からみるに、半常任理事国モデルが最も見込みがある。新枠のうち六つは各地域の強国が長期的に占め、八年から一〇年のスパンで交代することになるだろう。アフリカグループを侵食したような分裂は、欧州連合が加盟国間の外交政策の一部を調整したのと同じ方式で、アフリカ連合のような地域的枠組みによって解決できるだろう。

二〇〇三年の安保理改革の決断を批判する向きは、この動きが国連をむしばむ他の問題に取り組む妨げになる、あるいは連帯が必要な時期に分裂を生むだけのものだと議論した。しかし、安保理の問題を取り上げずに国連改革を提案すれば、加盟国の多くには、根本的な問題を避けているとしか映らないだろう。そうなれば、加盟国をその他の改革に関する問題に集中させることはますます困難になる。

私が手を広げすぎだという意見もあったが、おそらく正しい指摘であった。バチカンと同じように、国連は改革に対していつも温かいわけではない。しかし、二〇〇三年改革が真に達成したものをみれば、この批判は妥当ではない。

国連が当時直面していた対立は構造についてだけではなかった。多くの点において、より根本的な問題は、加盟国が世界や世界が瀕する危険に対して、異なる見方をしていたことであった。この問題は二〇〇一年九月一一日以降、特に先鋭化した。九・一一以降、米国人のほとんどとそれ以外の人びとも、主にテロリズムの脅威を憂慮するようになった。これは理解に難くないことで、国連も米国のアフガニスタンでの活動の支援を通じて、これらの脅威の一部に取り組み、テロへの支援を強く抑制する推進力となり、またその他の対策を講じた。しかし、アフリカや南アジアなどの、その日の食事にも事欠く人びとにとって、脅威とは全く別のものを意味した。そして、深刻な紛争が発生している地域や、民族紛争の火種がある地域に暮らす人びとは、また別の脅威を感じるものだ。

したがって、私は世界に席巻する脅威について包括的な理解が必要であることを明らかにしようとした。世界は互いに依存しているという表現は、いまや最悪な決まり文句に成り下がってしまった。この表現は文字通りには正しいのだが、脅威がもはや一国や一地域だけに留まるものでなくなったこの世界で、さまざまなアクターを巻き込むだけの力を持たないのだ。加盟国は選択的かつ散発的に主要問題に関与する。一部の国はテロリズムのような脅威については全面的に、疾病についてはある程度協力するが、大量破壊兵器の拡散については対立するといった具合だ。

国連のような大規模な国際機関の大改革は危機に押されて行われるのが常である。国際連盟は第一次大戦をきっかけに発足し、国際連合の創設を呼んだのは第二次大戦である。憲章は一九六〇年代の脱植民地化の結果、加盟国数が倍増した際に一度改定されたのみだ。私の在任中に、イラク侵攻に伴う危機が発生した際、それが世界を団結させる危機なのか、それとも分裂させるものなのか、定かではなかった。

二〇〇三年後半から、われわれは改革の大々的な計画を練り始めた。計画には国連を統率する機関、特に安保理の改革が含まれていたが、国連の活動を統率する新しい機関と規範の創設も含まれていた。二〇〇三年の総会演説において、私は二一世紀における集団安全保障を推進するための新しいアイディアを提案する機関として、「脅威、挑戦、変化に関するハイレベルパネル」の創設を発表した。また、国連における人権侵害についての取り組みを活発化させるため、長年悪評高かった人権委員会の代わりに、人権理事会を創設した。内戦への介入に必要な多角的な条件や、そのような地域での効果的な介入に必要とされる軍事、開発、人道援助活動を取りまとめるための平和構築委員会の設立も俎上にあげた。そして、改革計画に、新しいドクトリンである「保護する責任」を、国際安全保障ならびに(最も論議を呼んだ)先制戦争における大量破壊兵器の問題とならべ、将来の国連のガバナンスや展望、そして使命についての根本的な問題として盛り込んだ。

当時の最大の皮肉は、国連創設に最大の貢献をした米国が、改革の主な障害となったことである。もう一つの皮肉は、反対派が、いくつかの改革を結果的に可能にしたことだ。

人権理事会の設立が一例である。改革に反対した主な国は米国、キューバ、パキスタンという奇妙な取り合わせだった。当時私は南アフリカに出張中だったので、総会議長のヤン・エリアソンに電話をかけて様子を尋ねた。「非常に困難です」とエリアソンは言った。「合意に達することができるかわかりません」。エリアソンによると、問題はこれら三カ国だった。米国の国連大使で、自身も国連の存在と目的全般に深く反対しているジョン・ボルトンは孤立していた。私は、しかしながら、ボルトンがキューバとパキスタンの影に隠れて、人権理事会が成立しなかった責任をこの二国に押し付けるのではないかと疑った。

対応策として、私はキューバの国家評議会議長に連絡することにした。フィデル・カストロは睡眠中だったが、外務大臣のフェリペ・ペレス・ロケが電話にでたので、私は、キューバは人権理事会の設立を妨げるという役回りを演じることはできないと説明した。国連加盟国、なかでも途上国はよりよい人権機関が必要である。キューバは途上国の声を代弁してきたのに、いまでは国連における、人権発展プロセスを妨害していると非難されている。キューバはこの動きを妨害するのでなく、支援しなければならない、と私は述べた。

その後、ペレス・ロケから電話があり、カストロと話し合った結果、ニューヨークの国連大使に人権理事会に反対することをやめるよう指示することにしたと伝えてきた。このことをヤンに報告すると、大変喜んでいた。

残るはパキスタンだった。夜遅かったが、私はパキスタン国連大使のムニル・アクラムの携帯電話に連絡した。「人権理事会を支持してはならないとの大変厳しい指示を本国から受けていらっしゃるのは承知しております」と私は言った。「難しい立場にいらっしゃるので、力になりたいのです。ムシャラフ大統領に電話をかけ、反対を取り下げ、大使に交渉の余地を与えるようお願いしようと思います。途上国の間でもこの件でパキスタンが孤立しているのはご存知でしょう。反対しているのはパキスタンだけです。キューバは反対を取り下げました」。

「なんですって?」と大使は言った。「キューバが?」

「そうです」。私は言った。「キューバ大使にお聞きになればいい。反対を取り下げたことを認めてくれるでしょう。私はハバナのキューバ政府と話をし、それで片が付きました。パキスタン政府にも同じことをする用意があります。ムシャラフ大統領に電話します」。

「だめです」と大使は言った。「一五分ください」。

大使の中には「非常に強い指示を得ている」と言いながら、必要とあらば指示を変更することができる例がままあるが、これはその典型的な例で、アクラムは反対を取り下げた。

そして米国だけが残された。ボルトンは誰の影にも隠れることはできず、私たちはこの件について彼から連絡を受けることはなかった。

二〇〇五年九月、国連加盟国は改革案についての評決をおこなった。この日まで、心配がつづいた。実際、私はスピーチライターたちに、もしこのプロセス全体が躓き、合意が形成されなかった場合の発言を用意するよう頼んでいた。しかし、最終的には、全会一致で改革案が支持された。

われわれは国連史上なかったほど熱心にこの事案に取り組んだものの、安保理改革については、どのような形態が望ましいかについて加盟国間で深刻な分裂があったため、結論は不明瞭なままになった。しかし、それ以外の重要な優先課題において、前進があった。人権理事会、平和構築委員会、保護する責任においてである。しかし、加盟国間の交渉の結果、大量破壊兵器についての言及はなかった。この遺漏を、私は不名誉なことと評した。改革へのはずみはイラク危機によって生じた。二年以上にわたり、国連はいかにイラクの大量破壊兵器の問題に対応するべきであったかの議論が生み出した三八ページにわたる文書が、イラクにも大量破壊兵器にも言及していないとは、信じがたいことだった。

ジャングルの掟から法の支配へ

「もし息子がいかさま裁判で裁かれるようなことになったら、私は破滅ですよ」。息子が米国陸軍大尉としてイラクで勤務したことのある判事はこう言った。米国の識者や政治家によく見られる見解だった。国際刑事裁判所(ＩＣＣ)は、二〇〇二年にジェノサイド、人道に対する罪、戦争犯罪について個人を訴追するために設立されたが、多国間主義に懐疑的な人びとには、それは国家主権を侵害する究極的な行為とみなされていた。この発言を米国最高裁の判事から聞き、私は驚いた。最高裁では九人の判事がゲストを昼食に招待する慣習があり、私はワシントンＤＣ訪問の際、スティーブン・ブレイヤー判事からの招待を喜んで受けた。サラダとサンドイッチの昼食をとりながら、ＩＣＣはすぐに主要な、そして議論を呼ぶ話題となった。

私は憤慨する判事に対して、ＩＣＣにはとるに足らない訴追を受け入れない仕組みになっているのだと説明した。ICCは、信憑性のある告訴があり、かつ当該国がその件について捜査や訴追をする意思や能力がないときにのみ、行動をとるのだ、と。

この会話には、国際法をめぐるより大規模な論争が含まれていた。保守的な論者は、国際法や国連を必要とするのは大国や強国よりも小国や弱国であると主張した。これは一部では正しい。しかし、同様のことが国の法システムについても言えるのだ。権力のある人びとは時に殺人の告発を免れ得る。しかし、法の支配が確立するにつれ、そのような例外は認められなくなってきた。時に公式な、時に非公式な圧力が法の遵守へと導く。これには長い時間がかかるが、国際社会で起こりつつあると私は考えている。

憲章に書かれているように、国連の創設目的の一つは、正義に対する条件を整え、法を尊重することだ。国内社会および国際社会で法の支配を推進することは、私が事務総長として推し進めたことの一つであり、二〇〇五年に加盟国は全会一致でこの立場を支持した。

しかし、多くの指摘があったように、法の支配が理論的に支持されるのは、実際問題としてそれが何を意味するかについての理解が国によって多様であるからだ。私自身の理解は、法の支配とはガバナンスの原則の一つであり、すべての個人は、国家元首も含めて、法に対して義務を負うものであり、法とは公式に発令され、平等に適応され、独立した裁定が下されるというものだ。法は国際人権基準と一致していなければならない。法の支配は法の適用に公正さを要求するものであり、意思決定への参加と透明性も必要とされる。明らかに、すべての国においてこれが実行されているわけではない。しかし、すべての国が法の支配を熱望するべき政治の理想として認めているのである。

国際社会において、国家間に法の支配を適用するのははるかに複雑である。今日、国際関係において裁定や法の執行を行う機関は存在しない。国際司法裁判所は自発的に提出されたケースのみを扱う。国際社会には執行力を持った警察も存在しない。法の支配を促進しようとした事務総長の誰もが直面するのは、どのようにして主権国家を自発的に法に従わせるかという問題である。

世界がこれほど相互依存的になる以前から、国際関係を規定する一連の法が必要であることは明らかだった。国際法が、どれほどの規模で、現代の生活のあり方を可能にしているか、われわれはしばしば忘れがちである。郵便、ラジオの周波数、船舶や飛行機の安全な航行は国際法に依っている。今日のグローバル化は法体系なしには存在しない。しかし、その恩恵は、富裕層の利便のためだけであってはならない。個人的には、私は法の支配を機会と富へのアクセスを広げる手段、自らのあずかり知らぬ原因で苦痛や搾取に対して脆弱な立場に置かれた人びとを保護する手段であると考えている。

米国の最高裁判事やその他の人びとの留保にもかかわらずなしとげられたＩＣＣ創設は、国際社会における法の支配の大きな勝利である。ソマリア、ルワンダ、ボスニアの悲劇を体験した私には、ＩＣＣは非常に個人的な意味合いを持った。その創設に先立つ交渉において、私は一部の国を挑発するような立場をきわめて自覚的にとり、また時として政府やＮＧＯの一部がこの件を前進させるために利用できるような言葉を選んだ。

最終的には、評決は割れた。一九九八年、私は国際刑事裁判所設立条約の採択のために開かれたローマ会議の冒頭でスピーチを行った。しかし、草案採択が始まったころには、アルゼンチンへ公式訪問をおこなっていた。法務アドバイザーのハンス・コレルは法務チームとともに会議場にいた。私はコレルに、もし合意に達するようであれば、私はアルゼンチン訪問を切り上げて、ローマの会議に戻ると言っておいた。

採択が行われる予定だった日に、インドが「毒薬」を提案した。すべてのプロセスを無に帰すような修正案だった。修正案が却下されれば、採択は可能であり、もし受理されれば、ICCは成立しない。ICCの誕生は風前の灯だった。

私はコレルに電話をした。「アルゼンチンからローマに向かう最後の飛行機は一時間半後に出発する。合意にはいたったのか」。

「わからないんです」とコレルは言った。「二〇分後にまた連絡してください」。二〇分後に電話がつながった。コレルは電話を空中に掲げた。「聞こえますか?」。修正案は却下され、会場のムードは明らかに幸福感に満ちていた。

私はアルゼンチン政府に謝罪し、空港に向かった。ローマに到着し、私のキャリアの中でも最も素晴らしい会議において、現在ローマ規程として知られる文書に署名を行った。NGOだけでなく、ICC創設に尽力した一部の政府も明らかに意気を揚げていた。壇上で私たちは、シャンペンを噴射させながら「やった、やった」と叫ぶ人びととともにあった。

会議の開会に際して、私は各国代表に「過去の犠牲者と将来犠牲になるかもしれぬ人びとの目が、われわれに向けられている。彼らの正義を求める叫びに促されて、われわれはＩＣＣというゴールにたどりつかねばならない」ということを意識して交渉をすすめるよう訴えた。われわれのゴールは「世界的な不処罰という文化に終わりをもたらす」裁判所の設立である、と私は述べた。

不処罰という文化は裁判所の設立だけでは根絶できない。しかし、裁判所の活動を前進させるための努力を行いながら、われわれはなぜこの活動を行っているのかを忘れてはならない。ルワンダの燃え盛る村、道、野原、そして教会までもが死体で一杯の様子。その翌年、爆破されたボスニアの建物、八〇〇〇人にのぼるといわれる非武装の男性と少年たちが射殺され、穴に投げ込まれたスレブレニツァの恐怖。双方のケースで、国連と国際社会は犠牲者を保護するための決定的かつ強力な行動をとることに、悲劇的なまでに失敗したのだ。

しかしながら、このような恐ろしい出来事が、世界を行動に向けて動かした。責任者を裁くために、特別法廷が設置された。そしていまやローマ規程が不処罰という世界中に蔓延する文化を終わらせるために恒久裁判所を設立したのだ。

ローマ規程成立に貢献した各国は誇りをもってしかるべきだ。二〇一一年の時点で、国連加盟国の三分の二以上がローマ規程に署名あるいは批准し、正義への支持が強固であることを示している。戦争犯罪、人道に対する罪、そしてジェノサイドにあたり、国際社会の立場は、いまや不処罰ではなく、責任追及である。そのような犯罪についての信憑性のある申し立てがあった場合、国際的な正義を不要と主張する側が、自らの法的対応が適切であると明らかにしなくてはならない。

ＩＣＣ創設という注目すべき成功を導いたのは、強い政治的意思だった。ＩＣＣの発展にはビジョンと強い目的意識、そして勇気が必要となる。わが故郷の大陸、アフリカの例を見てみよう。アフリカの指導者に後押しされ、二〇一一年にアフリカ連合は加盟国に対し、スーダンのバシール大統領への起訴状を執行しようとするＩＣＣと協力しないことを呼びかけた。

しかし、アフリカ全体がＩＣＣを敵視しているのではない。一部の指導者のみだ。あらゆる階層のアフリカ人と私は会うが、誰もが正義を求める。可能であれば自国の裁判所で、信頼できる裁判所がほかになければ国際裁判所で裁きを望む。ＩＣＣは国内裁判所の権威に取って代わるものではない。むしろ、ＩＣＣは補完の原則によって統治される、最後の手段なのである。ＩＣＣは正義を求める人びとと国々のために存在する。

アフリカ人として、私はアフリカがこの偉業の達成に貢献したことを誇りに思う。アフリカ諸国とアフリカの市民社会はＩＣＣ創設にあたり、活動的で進歩的な役割を果たした。サハラ以南のアフリカの三〇カ国がローマ規程の加盟国であり、他のどの地域よりも数は多い。また、アフリカの五つのケースのうち四ケースが現在ＩＣＣで裁かれていることも誇りに思う。アフリカの指導者はこれらのケースを裁判所に付託したか、捜査に積極的に協力した。

これらの国々は、ＩＣＣ創設にあたり、自らの法的能力の限界にてらし、国際裁判メカニズムの文援を要請した。ケニアのケースでは、ＩＣＣの検察官が、史上初めて自らの権限をもって捜査を開始し、その実施にあたり、ケニア政府と協力した。これらすべてのケースにおいて、標的になっているのはアフリカ諸国ではなく、不処罰である。

アフリカでもその他の地域でも、正義の追求が、平和の追求を妨害するのではないかと真摯に憂慮している人びとがいる。「牢獄が待っているとわかっている紛争各派のリーダーに和平を実現しろと、どのようにしたら説得できるのか」とこのような人びとは問う。ウガンダとダルフールで活動する検察官は和平を遅らせ、妨害したとの主張もある。しかし、ルワンダ、ボスニア、コソボ、東チモールなどでの経験が、正義は平和のパートナーであり、妨害者ではないとの教訓を、私に与えてくれた。

正義と平和を同時に追求することは困難であるが、克服できるし、されなくてはならない。検察官の裁量によるタイミングの設定は決定的に重要だ。紛争交渉に従事する者の、ローマ規程によって生じる法的義務への配慮も同様に重要だ。正義か平和か、というのはいまや選択肢ではない。われわれはそのどちらも追求するほど野心的でなければならないし、正義の独立性を認識し尊重し保護する賢さを持たなくてはならない。

今後の発展は、ローマ規程に基づき、重大な犯罪に責任あるものを自ら捜査し訴追し、そして処罰するという一義的な責任を真摯に果たす国々にもかかっている。国際社会における不処罰に抵抗する潮流を逆に戻すことがあってはならない。われわれの課題は、裁判所を強力にし、普遍的かつ効果的にすることで、最も悪意に満ちた暴君さえも抑止し、無辜の民を保護することである。

信頼性についての疑問は、安保理常任理事国五カ国のうちの三カ国、すなわち米国、中国、ロシアが自らの立場を見直したうえで、ローマ規程に参加するという勇気ある一歩を踏み出した国々に加わるということを拒絶しているかぎり、続くだろう。安保理常任理事国になることを熱望している一部の国も、ローマ規程を批准することを拒否している。ICCへの支持が、将来改革された安保理に参加する条件となることを願っている。

ローマ会議から一〇余年、ICCはその活動を開始した。裁判所は、ローマ規程の加盟国がジェノサイドや戦争犯罪、人道に対する罪を捜査することが不可能であるか、意思を欠く場合に限り、管轄権を持つ。このことを強調しておくのは重要である。

例えば、ウガンダのケースでは、ICCの援助は、少なくとも初動においては、歓迎された。対照的に、ケニアでは、二〇〇七年選挙の際の暴力的環境にあって、ICCの検察官が自ら捜査を開始した。しかし、これは二〇〇五年のケニアによるローマ規程の批准があったから可能となったのであり、批准と捜査協力はケニアの市民社会に広く支持されていた。

スーダンのケースは少々異なった。二〇〇四年以来のダルフールにおける非情な残虐行為の報告を受けて、私は旧ユーゴ国際法廷で裁判長を務めたアントニオ・カッセーゼに、ダルフールでの暴力行為の性質を検証する国際調査委員会の座長を務めてくれるよう依頼した。カッセーゼは、人道に対する罪と重大かつ組織的な人権侵害が行われていると結論した。カッセーゼはジェノサイドが行われているか否かについては慎重だった。ジェノサイドは特定の民族あるいは人種集団を絶滅させるという特別な意図をもって行われる犯罪であるという特殊な法的意味をもっているからだ。さらに、カッセーゼは、ＩＣＣの検察官にしかるべき方法で提出するかもしれない五一人の名前が書かれた紙の入った封筒を私に渡した。

私は報告書をもって安保理に向かい、封筒と被疑者のリストについて報告した。「私はこの封筒をまだ開封していません」と言った。「みなさんも開封しないことをご提案します。というより、みなさんにはこの封筒をお渡しすることもしません。私はこれをＩＣＣの検察に送る意向です」。

安保理はこの状況をＩＣＣに正式に付託するという決議を採択し、私は封筒を未開封のまま検察官に送った。この検察官はのちに、独自の捜査の結果、ダルフールで行われた犯罪について起訴状を発行した。起訴されたうちの一人はスーダンの大統領である。

初期のケースの大部分がアフリカに集中していたという批判は正しい。しかし、アフリカがターゲットであるわけではない。二〇一〇年にカンパラで開催され、規程に侵略の定義を追加した再検討会議において、私は、ＩＣＣは司法制度の弱体なアフリカでより必要とされていることを明確にしようとした。国内の司法制度が強化されれば、ＩＣＣの必要性は下がる。しかしその時がくるまで、二〇一一年のリビアでのように、ＩＣＣは有益な代替手段としての機能を果たし続ける。

米国の国際刑事法への反対はほとんど信仰に近いものだが、国際刑事法検察の擁護者たちの中には、これをなによりも優先する一派がいる。「正義なくして平和なし」とは彼らの間でよく聞く叫びである。一九九〇年代にユーゴ法廷とルワンダ法廷で見られたように、刑事告訴は実際の行動の代替として利用されることがある。ユーゴのケースでは、すぐそこで起こる虐殺を止められなかったヨーロッパの無能に対する怒りの表現の一部であった。ルワンダのケースでは、介入を試みることにさえ失敗したことへの後悔の表現であっただろう。

しかし、すべての人道に対する罪が国際法廷で裁きうるし、裁かれなければならないという考えはナイーブに過ぎる。まず、ICC規程は、国内の制度が機能しないときのみに、国際的な制度が関与するということを明確にしている。しかし、より興味深い問いは、正義への国際的関与が実際平和への希望を弱体化させるかというものである。この議論は和平交渉の文脈でなされることがある。起訴された指導者にとって、特権的な立場を失うような取引に応じる動機はなんであるか？

私自身の見解は、起訴の脅威は忌まわしい行動への重要な抑止であり、指導者の態度を変化させる可能性があるというものだ。もし起訴が早急に行われれば、抑止への影響はマイナスなものになるかもしれない。これはスーダンのバシール大統領について抱いた憂慮である。ボスニア紛争において、もしスロボダン・ミロシェヴィッチがデイトン交渉前に起訴されていたら、合意に至ることは不可能であったろう。起訴を見送ることは、しかしながら、恩赦を与えることと同じではない。

こうした状況において、起訴する意思がなければ、恩赦を与えるのだろうという推測が誤解を生む。一九九九年のシエラレオネで、フォダイ・サンコー率いる革命統一戦線が恩赦を要求した。これは少年兵の使用や残虐な集団レイプ、何万件もの手足切断で悪名高いグループだった。国連が恩赦のためにその権威を使うことなど、考えられることではなかった。

和平交渉は、私の関与なしに前進したが、私はそのプロセスを妨害したくはなかった。しかし、恩赦の可能性が頭をよぎった。私は非常にまれなことだが、シエラレオネ事務総長特別代表であったフランシス・オケロに、合意書に手書きで、国連にとって、ジェノサイド、戦争犯罪、人道に対する罪への恩赦はあり得ないと書き込むように指示した。これによって、重大な犯罪に対する私の見解が明らかにされた。その後、このような状況を避けるために、私は和平交渉に従事するすべての事務総長特別代理と特使に、同様の指示を発した。

だが、サンコーはこの合意のみならず、ほかの合意も破った。結局、一年後に英国とナイジェリアによる軍事介入が紛争を終結させた。サンコーはシエラレオネ特別法廷において、戦争犯罪と人道に対する罪について、一七の訴因で告発された。しかし、彼は裁判にかけられることのないまま、発作を起こして死亡した。検察官が陰鬱にも述べたように、サンコーは自分が人びとから奪った、安らかな最期を迎えたのだ。

二〇〇一年にノーベル賞授賞式で述べたように、私は国連が実現しようという大望を、具体化し現実にする道を探っていた。そして、私はその日にアフガニスタンで誕生した女の子について話した。母親は彼女を抱き、食事をさせ、かわいがり、大事にするだろう。世界のどこでも母親がそうするように。このような基本的なことは全人類に共通だ。しかし、二〇〇一年にアフガニスタンで生まれるということは、人類の一部が達成した繁栄から何世紀分もかけ離れた環境で人生を始めることを意味し、また非人道的な状況のもとに生きることをも意味する。

今日、境界線は国と国との間にあるのではない。実際には力のある者とない者、自由な者と足枷をはめられた者、恩恵を被る者と侮蔑された者の間に存在する。国連と事務総長はこれらの不正義のすべてを正すことはできないが、国連で働く者の役目は世界のすべての人びとに向かって語りかけることであり、巨大な力が人びとを顧みようとしないときに、その者たちについて話すことである。

私の前任の事務総長の一人、ダグ・ハマーショルドは一九五四年に国連は人類を天国に連れていくのではなく、地獄から救うために創設されたのだと述べた。第二次大戦後、冷戦により新たに世界が分断され、核対立が浮上していく中で、ハマーショルドは謙虚でありつつも同じくらい野心的であった。

しかし、今日、国連に求められているのは、戦争の災難からこれからの世代を救うことだけではない。憲章の最初がすでに懸念を投げかけている。憲章は基本的人権、人間の尊厳と価値を再確認する必要を強調している。憲章は「より大きな自由のなかで社会的進歩と生活水準の向上とを促進すること」への約束であった。私は「より大きな自由」という文言を、ロバート・オールとスティーブン・ステッドマンによって巧みに監修された国連改革についての最も重要な報告書のタイトルに選んだ。この報告書のなかで、私は、国連は平和と安全保障についての役割を続けて果たさなくてはならないが、それは人権と開発への寄与と合致して行われなくてはならないと主張した。国連はあらゆる意味で国家間のクラブであるが、われわれの活動すべてにおいて、人間が中心でなくてはならない。これは進んだ考えであるが、国家内で発生した変化を象徴してもいる。すなわち、民主主義と人権の台頭と、「保護する責任」の受け入れである。

私の事務総長としての任期中、これらの変化とわれわれが直面したあらゆる困難の中で最も難しかったのは、関係者の期待を調整することであった。問題の一面は、メディア対応のむずかしさだった。しかし、それはまた構造的な問題でもあった。というのはあらゆる意味で、二つの国連があったからだ。一つは(官僚)組織としての国連、とりわけ事務総長に率いられる事務局である。もう一つは加盟国の国連だ。国連の活動がうまくいけば、皆がその栄誉にあずかろうとする。しかし、うまくいかなければ、非難されるのは第一の国連のみである。第一の国連は第二の国連に財源のすべてを依存しており、さらに政治的意図や決定的な行動をとる力にも頼っているにもかかわらず、そうなってしまうのだ。

同時に、国連は、実際に達成できることについて、過度の期待を抱かせないよう注意深くあるべきだ。事務局内で、国連が一晩で人類を救うとの印象を与える声明が出されることがある。これは危険であり、加盟国は時に共犯者となる。ボスニア紛争時、安保理が安全でない安全地域を宣言した事態において、われわれは教訓を学んだ。スレブレニツァは言葉と行動の乖離と同義語になった。

われわれは常に自らの言葉に忠実に生きてきたわけではない。しかし、おそらくそれが国連の運命なのだろう。国連を世界の問題の万能薬とみる人びとを失望させつつも、不完全ながら、それぞれの国で尊厳と機会に恵まれ、紛争と抑圧の脅威から自由な人生を生きようとたたかう個々人の男性と女性の熱望に声を与えることに成功することになるようなあり方、それが国連なのである。

第五章

アフリカの運命

——戦争と平和

ネルソン・マンデラの
無類のリーダーとしての資質と道徳的な勇敢さは，
私のキャリアを通じてインスピレーションの源であった．
事務総長として，
私は常にマンデラのサポートを得ることができた．
また，アフリカでの危機やイラクなどの決定的な局面において，
個人的な介入にも期待できた．
(国連写真部／Eskinder Debebe)

ナイジェリアのシークレットサービス要員は、私たちを三両からなる車列の真ん中の車に押し込んだ後、真っ黒なプジョーに乗り込んだ。運転手がアクセルをあまりに強く踏んだので、そこから離陸でもするかのような勢いであった。速度はすぐに時速一六〇キロを超えた。曲がるごとに、スピードを出しすぎなのは明らかになったが、私が最も信頼するアドバイザーの一人で、その日同じ車の隣に座っていたラミン・シセが心配そうな表情を浮かべても、ドライバーはどこ吹く風だった。左に曲がるたびに、ラミンの体は傾いて私に寄りかかり、右に曲がるたびに、今度は私がラミンに寄りかかった。車が私たちをどこに連れていくのかは、わからなかった。車が厄介なカーブに差し掛かってスリップするたびに、トランクの中にある岩のように何か重いものが、右から左に滑っているのを感じることができた。

ナイジェリアの治安要員に会話を聞かれたくなかったので、私はシセにフランス語で話しかけた。「ニックはどこにいます?」。高速で走る車の中で、重力と格闘しながら私は聞いた。ニック・パンツァリノは私のボディーガードだった。

「先頭の車に乗っています」と、ラミンは答えた。後でわかったのだが、ラミンはニックが先頭車両に乗っているのかはおろか、そもそもこの三両のうち一台に乗っているのかどうかも知らなかったのだ。ナイジェリア訪問ではそれほどあわただしくことが運んだ。

超現実的な状況におかれ、ラミンと私の会話が途切れた。「この運転手はスピードを出しすぎる」。アブージャ市街を突進しながら、私は振り切れそうな速度計を指して、ラミンに砕けた調子で言った。「そうですね」。ラミンは天気の話でもするような調子で、礼儀正しく答えた。突然、この状況すべてが喜劇的に思えてきた。私たちは車内の他の人に理解できないようにフランス語を使っていたのに、まるで朝食の紅茶の話でもするように、車のスピードについて陳腐なやり取りをしていたのだ。

「トランクに入っているのは何だろう」と私は聞いた。

「車に乗るときにちらっと見たのですが」。このガンビア人ラミンは、やや怯えた、しかしいつもながらのユーモアもきらめいた視線で私を見つめながら言った。「間違いなくマシンガンを積んでいます」。

その日、一九九八年六月のある夜九時半、ナイジェリアのシークレットサービスの将校——彼は、先ほど逝去したサニ・アバチャ将軍による五年にわたる残虐な軍事政権の一員である——が、予告もなくラミンが宿泊するアブージャのホテルの部屋をノックし、「事務総長とモシュード・アビオラ氏の面会がただちに行われます」と告げた。ラミンはすぐに私の部屋にやってきたが、何かが起こっていることは明らかだった。

「おやすみのあいさつだろうか」。私は笑顔でラミンに尋ねた。

「おやすみ、をいうような安らかな夜ではありませんよ」とラミンは答え、これからわれわれが何をするべきかについて話し始めた。

モシュード・アビオラは一九九四年より独房に拘束されていた。以前は百万長者であり、軍事政権との長期にわたる緊密な関係によって、豪奢な生活を満喫していた。しかし、一九九三年に、短命に終わったが、民主化をめざす動きがあり、アビオラは大統領選に立候補した。アビオラが勝利するかに見えたが、イブラヒム・ババンギダ大統領による軍事政権は、自らが大統領選挙を組織したにもかかわらず、開票を許可しなかった。アビオラは静かに身を引いたが、この投票は彼と軍事政権との関係に変化をもたらした。アビオラは、民族や宗教が交差する、アフリカで最も人口の多いこの国で、あらゆる民族・宗教集団から前例のないほどに大規模な支持を得た。

その後、同じ年にババンギダ大統領が失脚し、ナイジェリアの金融危機が深刻化するなか、サニ・アバチャ将軍が政権に就いたが、アバチャは民主主義への布石となるような機関——議会、三〇からなる州政府、全地方評議会——を解散させ、すべての政党を非合法化した。しかし、混沌を深めるアバチャの支配の中、一九九四年にアビオラは、妨害された一九九三年の選挙に基づき、ラゴスの群衆の前で、自分こそナイジェリアの正統な指導者であり、大統領であると宣言した。

アビオラは直ちに逮捕され、反逆の罪で告発され、以来独房に監禁されていた。この間、アビオラはラジオを聞くことも許されず、一九九五年以降は家族との面会もできず、誰とも話すことを許されない状況に置かれていた。彼が見ることを許された唯一の新聞記事は、妻の一人が暗殺されたという報道で、それ以外に許可されたのは聖書とコーランのみだった。

アバチャはこれ以上ないほどに正統性を欠いた支配者であり、腐敗を極め、エキセントリックで放縦な行動をとる人物であった。ナイジェリアが石油に依拠した縁故資本主義であったことが、アバチャのような人物の台頭を許した。アバチャは民主的選挙を約束し、私が一九九七年に事務総長に就任した際にも、個人的に私にその意思を表明したが、頑迷に公約を破り続けた。反対派や反対派と目される人びとは逮捕され、政治犯の数は増大した。また、アバチャの秘密警察による政治的暗殺の数も増えていった。

しかし、一九九八年六月八日に、アバチャは突然死去した。翌日、アブドゥルサラム・アブバカルが後継者として就任した。私は、一九九七年一月にトーゴのロメで開催された首脳会合に、アバチャに同行していたアブバカルに会ったことがあった。アブバカルはレバノンの国連暫定駐留軍に平和維持部隊の一将校として参加したことがあった。平和維持という共通項を、私は彼と話をする足がかりに使った。アバチャの奇妙で寡黙な人柄と比べ、アブバカルの見解や率直な話し方から、彼が筋の通った人物であることが見て取れた。アバチャが席をはずした際、私はアブバカルに政治犯の釈放の重要性について迫った。アバチャは私が繰り返し行った自由と民主化への呼びかけを退けてきたが、補佐官に影響を与えることで、少なくとも多少の圧力を大統領にかけることができるのではないかと期待したのだ。

しかし、いまやアブバカルが大統領であった。そして、後で告白されることになったが、彼は恐れていた。ナイジェリアは、政治体制を変革することも、政治犯を釈放することも繰り返し拒絶した結果、国際的に完全に孤立しており、外部からの協力を頼むことは不可能であった。ナイジェリアは、壊滅的なまでの巨額の負債を抱え、恐るべき経済状況にあった。アバチャは国内の幾多の権力基盤を敵に回し、その結果市街では不穏な暴力が増加していた。ハウサ人が中心である軍は特権を享受しており、それをみすみす手放すつもりはなかった。アブバカルは国内の政治的安定を確立するために、民主主義が不可欠であることを認識していたが、適切な管理なしに性急に選挙を行えば、社会がより不安定になることも明らかであった。アバチャは不誠実にも、一九九八年一〇月一日を民政移管の日と決定していたが、誰もが、アバチャが計画を実行する意図がないことを理解していた。しかし、アブバカルは真摯な計画をもって、この日付を有効に使おうとしていた。アブバカルはこの非常に困難な状況から、慎重かつ巧みなやり方で抜け出す必要があったのだ。

アブバカルの抱えた問題の一つは、投獄されているアビオラの処遇だった。アビオラが釈放され、以前のように大統領就任を要求した場合、ナイジェリアの政治的バランスはひっくり返るだろう。そのような動きは、ナイジェリア南西部の主な支持者層に支えられるだろうが、ほぼ確実に軍の反対を受けることになるだろう。

往々にして非常にデリケートな会談は、国連本部ではなく、私のニューヨークの自宅で行われる。スケジュールには「私用(自宅)」とだけ記入される。アブバカルが大統領に就任して数週間後の一九九八年六月二二日午後三時三〇分、私はこの種の会談をナイジェリアの外務大臣、トム・イキミと行った。私の快適な居間で、イキミはアブバカルからのメッセージを伝えた。アブバカル大統領はアバチャの死去によって生じたこの好機を利用し、この窮地からナイジェリアを脱出させる計画があり、事務総長にその後押しをしてほしい。そのために、アブバカルは選挙の日程を先延ばしにすることを望み、私の公的なサポートを必要としていた。アブバカルはナイジェリアの地域と国際社会における地位を正当なものに戻すこと、悪政を終わらせ、民主主義へと進むことを目指していた。

イキミは、アバチャに仕えていたころと同じ人物とは思えなかった。以前の彼は、ナイジェリアの内政問題は、ナイジェリア政府の問題であると、長々講義を垂れるような人物だった。かつての強硬姿勢はいまや現実に譲歩しようとしていた。世界において、相互依存はいまや現実であり、ナイジェリアもそこから逃れられないという認識である。私はまずアビオラのことを考えた。彼はこの移行によって、犠牲になってはならない。そうなれば、これは移行とは言えない。アビオラは最初の民主的選挙の試みにおいて勝利した人物であり、多くの支持を得た。投獄により、彼はナイジェリアで政治的変革を求める人びとのシンボルとなった。アビオラの拘束を続けることは、真の民主主義と法の支配への前進とは真逆の行為である。

「大統領の計画を公に認め、支持する用意があります」と私が言うと、イキミの両眼は明らかに輝いた。「しかし、アビオラ氏の釈放が条件です」。イキミはひるんだようだった。しかし、イキミはもし私がナイジェリアの首都アブージャを自ら訪問し、アブバカルの選挙の提案を支持するなら、アビオラが釈放される可能性がある、と述べた。私はナイジェリア訪問への招待を受け入れた。私には世界で軍事独裁を終わらせるためなら、どのような小さな役割でも果たす用意があった。特に、一九六〇年以来、国の発展に歯止めをかけた一連のクーデタによる軍事政権に苦しんだナイジェリアのためになるのなら。

私のスケジュールの関係で、われわれは六月二九日にウィーンからナイジェリア政府提供の航空機でアブージャに飛んだ。ナイジェリア政府がこの訪問を歓迎しているのは明らかだった。専用機は新しく、贅沢な内装であり、大統領の個人使用のためのものだった。到着後、私はアブバカル大統領と現状についての話し合いを行った。大統領はイキミがニューヨークで述べたことすべてを再び強調し、私は、ナイジェリアを正しい軌道に乗せるため、大統領の公約を進め、政治システムを開放し、市民社会の参加を促し、大統領を支持するこの流れに乗るように呼びかけた。大統領の反応は前向きであったが、一〇月一日に、民主化に向けての信頼性のある選挙を行うには時間がないと返答した。私は、もし選挙を延期するならば、新たな日程表を明確かつ詳細にわたり公表し、なぜ延期が必要なのか、国民すべてに明確に説明する必要があると助言した。また、私はもしアブバカルが国際社会そして私自身の信用を得たいなら、アビオラを釈放する必要があることを喚起した。

この点については、アブバカルは少し揺らいだ。彼はアビオラを即時釈放する意思があることを約束したが、大統領就任を主張しないことが条件であった。私はアブバカルがなにを憂慮しているのか見て取ることができた。もしアビオラが釈放され、大統領就任を主張したら、現在の脆弱な状況から考えて、ナイジェリアは深刻かつ暴力的な分裂状態に陥るだろう。アビオラは釈放されなければならないが、それは静かに行われなければならなかった。

私はこの件についてアビオラに会って話をすることができないか聞いた。アブバカルは手配しようといった。そして、その夜に、ラミンの部屋がノックされ、われわれはアブージャの暗い道を急ぎ、アビオラが拘束されている場所に向かったのだ。車は大統領宮殿のすぐそばに止まり、むっつりと押し黙った護衛が、われわれを招待所のような建物のなかの白い壁に囲まれた何もない部屋に連れて行った。そこにアビオラは静かに座っていた。

挨拶を交わした後、私は、現在大統領や軍事政権とナイジェリア情勢について交渉中であり、あなたの釈放について働きかけていると説明した。アビオラの表情はびっくりするほど読み取れなかった。私は、アビオラに、間もなく釈放されることは間違いないと告げた後に、もし釈放されたら大統領に就任することを主張するつもりかと尋ねた。彼はわからない、と答え、軍事政権は自分が釈放されることを恐れている、と付け加えた。アビオラは確実な答えをすることを避けて、どう転んでもいいようにあいまいな答えをしているようだった。

しかし、突然アビオラは関心の方向を変えて聞いた。「あの、あなたはどなたですか」。

「私はコフィ・アナンです」と答えた。「国連の事務総長です」。

「あの、エジプトの方はどうしたのですか」。アビオラは驚いたように聞いた。私はアビオラが、誰が何の目的で面会に来るか聞かされていると思っていたが、彼が聞いていたのは「誰か重要人物が来る」ということだけだった。アビオラが置かれた孤立状態は驚くべきものだった。政権はアビオラを暗黒のなかに監禁し、外部から完全に遮断していた。

アビオラは、私が誰であるかを理解すると、俄然精力的になった。自らの計画についても明確に表現するようになった。彼は大統領就任に固執するつもりはないと述べた。彼が望むことは、メッカを訪問し、感謝の祈りを捧げることのみだった。しかし、彼は書面で誓約をするつもりがないことを強調した。もし大統領になるつもりがないことを書面に残せば、自分の評判に傷がつくと感じていたのだ。しかし、アビオラは同様の誓約をアブバカル大統領に対して個人的に行う用意があることを保証した。

翌日、私はこのメッセージをアブバカルに伝えたが、依然として彼は躊躇していた。私は、釈放されても、アビオラは、社会を混乱させることに関心はなく、自らの支持者を扇動することはなく、むしろ落ち着かせようとするだろうと説明した。さらに、私はナイジェリアを去る際のマスコミ向けスピーチにおいて、大統領がアビオラをはじめとする政治犯を間もなく釈放すると私に約束した、と発表するつもりであると告げた。このスピーチが結果的にアブバカルへの信頼を強化するか否かは、彼自身の行動にかかっていた。

ナイジェリアを発つ直前の記者会見の席で、私は約束通りの発言をおこなった。しかし、私はアビオラが大統領に就任するつもりがないことも明らかにした。これには、アブバカルがアビオラの釈放を渋る遠因を取り除く目的と、アビオラの強力な支持者を落ち着かせる目的があった。さらに、アビオラの復帰を恐れるナイジェリア人の憂慮を取り除くことも意図していた。

ナイジェリアからの帰路、アビオラ釈放への布石は完了したかに思われた。しかし、一週間後、アビオラが米国国務副長官のトマス・ピッカリングと面会中に突然倒れて亡くなるという悲劇が起きた。アブバカルの真摯な対応は約束されていたが、このタイミングでのアビオラの死は、疑惑しか生まなかった。しかし、病理学の国際チームは、アビオラの死は心臓の不調によるもので、犯罪性はないと結論した。しかし、アビオラが監禁されていた間、適切な医療行為を受けていなかったことは、私が考えたように、事実だった。いずれにせよ、アビオラは、個人崇拝と抑圧に体現された体制の下では不可避であった組織的な人権侵害の犠牲者であった。

記者会見の後にナイジェリアを離れる際、政府は来るときとは全く違った種類の飛行機を提供してきた。古く老朽化して、とても安全には見えない機体であった。それを見るなり、洞察力とウィットに富んだ国連政治局長キーラン・プレンダーガストは私に向かい、髭の合間から笑いながらこう言った。「いや、あなたは彼らが必要としていたことをやり遂げたのですよ。だからもう誰もあなたに気を遣いはしないのです」。実際、離陸の一五分前、機体不良によって尾翼が動かなくなり、パイロットは機体を交換するために空港に戻らなければならないと告げた。

しかし、これはナイジェリアにとって偽りの出発ではなかった。数カ月後、アブバカルは約束を履行した。政治犯は釈放され、抑圧的な軍事政権のシステムは少しずつ緩んでいった。その年の終わりまでに国民議会の選挙が行われ、アブバカルはそれまで常に発言していたように、自発的に辞任した。そして一九九九年五月に大統領選挙が行われ、改革派のオルセグン・オバサンジョが勝利した。この新たな民主的システムは今日も健在である。

アフリカにおけるガバナンスの挑戦——大物 対 法の支配

ナイジェリアの民政移行過程が示唆したのは、選挙だけでは機能する正統的な民主主義体制に社会を移行させることができないという事実である。選挙結果や人権を擁護する政府諸機関と規則が時間をかけて構築される必要がある一方、国民のために尽力する責任あるリーダーシップも不可欠である。端的に言えば、アフリカの民主主義の変容には、武力や一人の独裁者の支配でなく、法の支配を構築する良質なガバナンスが必要である。しかし、これらの特色は、アフリカでは独立以来不十分であった。その代わり、指導者の権力と権威に依拠する支配体系が席巻していた。これは破壊的な支配形態であり、ほとんどの場合、これは非合法な権力奪取後に続いて導入される。

ジンバブエの例に明らかだ。一九六五年、少数派の白人の政府が、英国に対し南ローデシア(後のジンバブエ)の独立を一方的に宣言し、脱植民地化プロセスの一端として多人種的な民主主義体制を構築しようという英国の意図を一蹴した。一九七〇年より、ロバート・ムガベとジョシュア・ンコモが白人少数政府に対して武装蜂起を指揮し、一九八〇年に勝利した。ムガベはその年に首相に就任し、さらに一九八八年、ジンバブエ最初の全権大統領に就任した。ムガベはいまだにその職にある。

ムガベを印象的な革命指導者としたのと同じ性質が、彼を独裁的で、最終的には国民にとって害となる大統領にした。革命に必要であった団結、多元主義への忌避、分裂への嫌悪といったものが、独裁的なスタイルを導いたのである。

しかし、個人支配の害悪が明確になったのは、ムガベが惨憺たる結果を招いた土地改革を攻撃的に推し進めた一九九〇年代後半であった。一九八〇年代から一九九〇年代初期には、ジンバブエは人間開発の側面からは、間違いなく最も発展した国であった。改革の方向性を誤った結果、経済はダメージを受け、国民の生活水準と健康水準は著しく低下した。ジンバブエの既存の政治制度には、ムガベ支配の弱体化あるいは排除を可能にする手段が備わっていなかった。国内の不安定化に際し、ムガベの支配を強化するために、残酷な圧制が行われた。

アフリカ諸国をはじめ、国外からの圧力は時宜を得ず、また弱いものであった。これは、ムガベがアフリカで、革命の英雄という成果によって尊敬を集めていたことに起因する。さらに、ムガベは過去にナミビア、南アフリカ、モザンビークなどの解放運動の指導者を直接支援しており、これらの指導者はいまや政権についていた。アフリカの指導者の間では、ムガベは事実上、独立の闘士の先駆者とみなされていた。

このような体制の最悪な特質は、権力者が良質で望まれる資質を持っていたとしても、豹変する可能性があることであり、実際そのようなことがしばしばみられるということである。そうなると、国民は制度に保護を求めることができない。これがジンバブエで発生した事態だった。ムガベの指導者としての主な非道は、権力の座についてから二〇年後に初めて露見することになった。

個人的に、私はムガベが、明らかに分別があり慎重な姿勢だったのが、短気で、被害妄想にとらわれ、自己防衛に徹したリーダーへと変容するさまを観察してきた。ジンバブエの藪のなかで行われた革命戦争を経験し、ムガベは脅威に反撃するような政治感覚を形成していた。それが彼のスタイルだった。年齢を重ねるにつれ、この特性は、外部からの批判が高まったこととも合わせ、内政において、頑迷さを強め、その結果、国の崩壊さえも起こり得る状態になっていった。

事務総長就任時、私はムガベと良好な関係にあった。ジンバブエの混乱期にあっても、ムガベと誠意ある関係を保つことに意義を見出していた。そうすることは、国際社会が、ムガベ政権を方向転換させる「糸口」を作ることに有益であった。しかし、私は、ハラレのスラムにおける残虐な掃討活動についての調査を決定したことで、ムガベとのつながりを失ったようだ。国連人間居住計画(HABITAT)代表であるアンナ・ティバイジュカは調査を実行し、ジンバブエ政府の責任について率直かつ痛烈な調査結果を提示した。その後、ジンバブエにおける英国の影響力について長いこと憂慮していたムガベは、ティバイジュカをトニー・ブレアの命令で派遣された英国のスパイだと非難した。

ジンバブエの例は、一国の運命を一人の人間の価値観にゆだねることの危険性を強烈に示している。人びとを代表し、責任と説明責任を負い、権力と尊厳を備え、一個人のキャリアよりも長いスパンで活動する制度にのみ、市民は集団としての運命を委託することができる。ネルソン・マンデラのような指導者は、これを理解していた。マンデラは一期で迷わず大統領職を退いたが、これは全く同じ理由によるものだった。制度は個人よりも常により重要であるのだ。

個人支配を、アフリカの問題を解決する策として支持する根拠は、支配者の力量にあるのではなく、人びとが自らの地位や生命を保持するために、独裁者に追従するところにある。しかし、時の経過とともに、個人支配は政治文化になった。独裁こそ、アフリカが課題を処理するのに最高のシステムであるという迎合が、アフリカ内外で長年受け入れられてきた。

しかし、アフリカの問題は常に制度の欠如に由来した。複雑な政治的社会的経済的問題に対処するための制度的な資源の欠如である。無責任で説明責任を放棄し、かつ個人化された制度が弊害となっていた。すべての国民、それも多様性をふくんだ国民全体に対して、一個人の権威を形成することは、さまざまな国民のパワーを支える制度を妨害し、破壊することに等しい。それは、政党や指導者を平和裏に交代させるシステムを支える制度が衰退し、根絶することを意味する。国家また権力者から独立した市民社会の制度や組織、活動家が成長することはかなわない。自由な企業精神は、自由な社会と、指導者の日々の思惑に左右されない規則や法のシステムとに裏付けられていなくてはならず、民間セクターに依拠する開発には不可欠なものであるが、これもアフリカには存在しえないものである。

以上が、私が長年アフリカの問題を深く入り組んでいると考えてきた核心である。クーデタ、経済政策の失敗、残虐な体制、継続的な人権侵害、そして低開発はすべて相互作用している。リーダーシップとは、制度を整えることである。多様な政府機関と独立した市民社会を構築するという困難で永続的な仕事は、アフリカ問題の解決に不可欠である。真のリーダーシップとは、一人の人間の尽力を、社会の共益のために権力を異なる派閥、グループ、選挙区の間に平和裏に分配する巨大な政治的はたらきに投ずることを意味する。

しかし、独立後、これを実行したアフリカの国家元首はほぼ皆無であった。これは植民地主義が重大かつ破壊的な役割を演じた結果である。植民地主義が残した構造は、独立後のアフリカが辿った政治を条件づけた。私が強調するアフリカの果たすべき責任が、これによって相殺されるわけではないが、アフリカの統治システムが、アフリカのメンタリティと文化のたまものであるという見解は正しくない。そうではなく、アフリカの統治システムは外部から押し付けられた構造が生んだ複雑性から発しているのである。

一八八五年のベルリン会議において、植民地勢力はアフリカの王国、国やコミュニティを分断し、さらに恣意的に統合し、全く無意味にアフリカを分割した。さらに、植民地システムは現地における分裂を融和するのではなく、その分裂を利用するような法制度を導入して、植民地政府の力を有利にするよう作られていた。

一九六〇年代に独立したアフリカ諸国が継承したのが、このような恣意的な国境線と分裂を促進するような制度と法体系であった。その結果、植民地政策によって引かれた国境線の中で真の国民国家を作ろうという試みは、アフリカの指導者に、分裂を覆い隠すために、個人崇拝を押し出す機会を与えた。アフリカ諸国を本質的に団結させる要因の不在の結果、アフリカの国家の中には、政治的多元主義ではなく、個人の権威主義に頼むようなところも出てきた。宗主国は代表や参加の政治を奨励しなかったが、アフリカの指導者もその例にならった。

アフリカ政治の軌道であるこの傾向とともにあったのが、アフリカをとりまく革命の経験である。独立闘争の背景には、さまざまな利権が絡んでいたため、独立後の政治に禍根を残した。独立に邁進した闘士にとって、団結は、独立闘争の成功に不可欠な内部規律と同じく、独立闘争において特に称賛されるべき行為であった。

革命闘士を組織化し、支持者を動員していくこのアプローチは、戦後の平和時の政治にも移された。したがって、革命の時代に指導者に求められていた資質は、平和時には有効でなく、平和時の指導者としては失格となった。独立後の国家において、彼ら指導者は、自らの権威をもって、絶対的団結のレトリックを利用した。これら指導者は、部門という概念すら抑圧したのだ。

したがって、非植民地化というゴールの下に統一されていた革命運動は、一党支配にその地位を譲り、社会内部の分裂から目を背け、個人支配を正当化したのだ。

アフリカにおける民主主義に関するキャンペーンは、文化的相対主義によって誤導されてきた。民主主義は西洋の概念であり、アフリカ起源のものではない。この見方は植民地支配の罪悪を強調するものであったため、いまや絶滅寸前の現状維持を好む一派に支持された。さらに重要なことに、そうした論は、いんちきで意味をなさない議論に支えられていた。

実際、多元主義や集団的意思決定は、アフリカの古い伝統に深く根差したものであり、アフリカ全土に存在する。伝統的な論争解決の方法は、草の上や木の下で当事者が会い、解決策が見つかるまで話し合うのである。ガーナには、「頭が一つでは、ものを決めるのに十分でない」という格言がある。実際、アフリカ社会では、村レベルから始まって、自らのコミュニティについて、自由な話し合いと多様な意見を慎重に比べながら、コンセンサスが得られるまで自由に話し合い、決定を行う伝統があった。首長が支配するシステムにおいてさえ、人びとの意思と支持を受けて首長は統治しなければならず、それができない場合は地位を追われた。

すべてのアフリカ人が本能的に反応する、コサ語でウブントゥと呼ばれる概念は、この点で重要だ。アフリカの人道主義の核であり、広義には、集合的な相互依存を意味し、「われわれがあって私がある」という言葉に象徴される。社会の成員皆が等しくあることをうたう哲学であり、自由民主主義の概念に容易に変換できる原則である。

事務総長として、私はアフリカが政治的変革をはっきりと望んでいることを見て取った。しかし一九九七年には、アフリカの威圧的な指導者への恐れが強く、彼らを大っぴらに批判することがタブーとされたため、政治的変革はほとんど表だっていなかった。ごく小さな動きではあるが、レトリックを駆使したリーダーシップによって、この熱意は表面化された。ガボンで、ほとんどアフリカ人のジャーナリストばかりが出席する記者会見の席で、ある小さな、しかし印象的な出来事が起こった。ある記者が耳障りな質問をした。「事務総長、あなたはよくアフリカとアフリカ諸国の政府を批判しますが、それは公正なことでしょうか？　なぜそんなことをするのですか」。

「私はアフリカの仕事をすることが多いので、アフリカの直面する困難をよく認識しています」と私は答えた。「しかし、私はアフリカ人です。アフリカとアフリカ人を批判する権利を保有します。私はアフリカを批判することをやめません」。記者たちはただちに、自発的に拍手を始めた。記者会見では稀なことだった。しかし、アフリカ人の中に責任ある統治システムへの真の渇望を呼び覚ますには、隠された感受性をつつくことで十分だった。

近年、アフリカにおけるガバナンスは大きく前進したが、さらなる前進が必要である。たとえば、ガーナは、頻発していたクーデタが収まって以来、三度の自由選挙の実施に成功しており、毎回、平和裏に権力移譲が行われた。ガーナが、大規模な農業改革をはじめとする事業に成功し、ミレニアム開発目標1の貧困と飢餓の部門で目標を達成したアフリカ唯一の国であることは、偶然ではない。しかし二〇〇九年に、国際NGOのフリーダムハウスは、アフリカにおいて、完全な民主主義体制は八カ国のみであり、他の二五カ国は部分的に民主主義体制、二一カ国は権威主義体制と報告した。問題は、選挙が政治的移行の真の姿ではなく、民主主義の仮の姿として使われてきたことだ。選挙は独裁者の支配を永続化するためだけに使われたのだ。

よいガバナンスは、選挙のみならず、説明責任のあるリーダーシップ、さらに法の支配に立脚する制度に依拠するものである。アフリカ政治の将来像は、強大化した個人ではなく法の支配のもとで政治体制を成立させるというものだが、これを達成する責任は、アフリカの人びとと、彼らの今日の要求なのである。よいガバナンスとは、贈られるものではなく、人びと自身が要求し、作り上げ、分かち合うものなのだ。制度は人とともにある。しかし、歴史が語るように、部外者から助けを得ることもできるのである。

「国連事務総長がこのような発言をアフリカ首脳会議ですることはできません!」。一九九七年六月二日、私はジンバブエのハラレにいた。全アフリカの元首と政府首脳が一堂に会していたが、その多くは暴力をもって実権を掌握し、軍の不当な力に支えられたクーデタの指導者だった。新任の国連事務総長、しかも最初のアフリカ出身の黒人として、私はアフリカの軍事政権に対して、多くの人を驚愕させる新たなメッセージを用意していた。演台に近づきながら、私は聴衆に目をむけ、スピーチに対する強い警告の言葉を思い出していた。アフリカ出身の上級補佐官の一人のアドバイスを受けて書いたもので、あまりよくまとまってはいなかったが、悲しみと伝統的な言い回しに満ちたものだった。

私はスピーチを、アフリカの指導者と外交官が長いこと無視しようと共謀してきた点について直接的に触れることで始めた。「軍は国家主権を保護するためにあり、国民に銃口を向けるためにあるのではない」と私はいった。「アフリカはこれ以上、選挙で選ばれた政府のクーデタによる転覆や、自らの利益を優先する軍による不法な権力奪取を当然のこととして受け入れてはなりません」。「新たなアフリカ政治のドクトリンを作ろうではありませんか。民主主義が強奪された国では、それを回復させ、本来の主である人びとに戻すべきです。口頭での非難は必要ですし望ましいですが、不十分です。われわれは騒擾者を追放し、孤立させせなくてはならない。隣国、地域グループ、そして国際社会は一丸となって努力する必要があります」。

私の長年にわたる軍事政権への見解は、アフリカ全体、とくに祖国ガーナへの影響と密接に関わっている。一九五六年一月から二〇〇一年一二月まで、驚異的なことにアフリカでは八〇件ものクーデタが成功裏に行われ、さらに一〇八件のクーデタ未遂があった。アフリカは政治的、経済的、地理的また環境的挑戦に囲まれている。しかし、私見では、アフリカの歴史を俯瞰すると、リーダーシップこそがアフリカに苦境をもたらす究極的な原因であり、また、アフリカにおけるリーダーシップとガバナンスを破壊してきたのは、軍事政権であった。民主的統治の疎外、重篤な人権侵害、経済運営の失敗といったアフリカにおける弊害の背後には、多くの例に見られるように、軍事クーデタという元凶があった。

軍事政権はアフリカにおける脆弱なリーダーシップの最悪の例である。しかし、アフリカにおけるリーダーシップ全般についての重要な考察がある。多くのアフリカ人、とくに年配者は、なぜアフリカがこのような状況にあるのかについて、単純かつ包括的な説明を下すだろう。原因は植民地主義である、と。学識者は、アフリカの現状を、経済発展を停滞させる構造的要因に注目し、またアフリカが長年世界において不利な立場に置かれていた点を強調するだろう。

短くも集中的な植民地主義がアフリカを破壊し、分断したのは事実である。さらに、アフリカ諸国の多くは内陸国であり、経済上の優位となる海上貿易への直接のアクセスを持っていない。こうした事例は、経済学者にとって、アフリカの従来の貧しい経済状況を説明するのに不可欠なものである。しかし、これは正確な分析ではなく、植民地主義のみに罪を着せるのは、アフリカ人にとって無責任なことでさえある。同時に、アフリカ開発の失敗を分析すると、経済的障害は必ずしも問題の中心ではない。

リーダーシップと、アフリカ人のそれへの責任こそが、現代アフリカにおいて不可欠である。この立場こそが、今日までの私のアフリカにおける外交的介入の基礎である。私の祖国、ガーナを見てみよう。ガーナは一九五七年に英国から独立したが、その時点での一人当たりの国民総生産は三九〇ドルであった。マレーシアも同じ年に英国から独立した。マレーシアはガーナと同様な経済発展の展望を持っていたが、国民総生産はガーナよりも低い二七〇ドルであった。しかし、マレーシアは強固な政治体制の基礎となる議会政治の枠組みを構築し、その下で成功裏に包括的な経済成長が可能となった。ガーナは、その反対に、一九六六年から始まる定期的な軍事クーデタを経験し、数十年にわたり政治制度の発展プロセスが断続的に進むだけであった。

このように対照的な軌道が、ガーナとマレーシアそれぞれの国民にどのような影響を与えているかは明らかである。今日、マレーシアの一人当たりの所得はガーナの一三倍である。このような例を見るに、植民地主義に低開発の答えを求めることが理にあわないことは明らかである。問題の核心はアフリカのリーダーシップと制度にある。

もう一つの例はマダガスカルだ。島国であることにより、マダガスカルは、アフリカの内陸国の多くが直面してきた、政情不安な隣国の影響による経済発展の妨害という脅威から逃れてきた。一九九〇年代後半、マダガスカルは米国の「アフリカ成長機会法」を利用し始めた。この法律は、アフリカからの輸出に有利になるよう制定されたものである。特別輸出経過地域の設定と商業活動を促進する効果的な政策により、短期間で約三〇万の職が作られた。しかし、大統領で海軍中将のディディエ・ラツィラカが選挙に敗れた。ラツィラカは退任を拒んで政権継続を迫り、港を八カ月間封鎖した。この結果、特別輸出経過地域は廃止され、アフリカの最貧国が立ち上がって世界市場に打って出るという特例がマダガスカルに現れることにはならなかった。

アフリカの問題は常に、失敗が約束されているとか、試練は避けがたかったとか、また完全に回避不可能でなくても、植民地主義の結果そうならざるを得なかったというように描かれる。しかし、マダガスカルやその他の例からみても、これらの説明は事実とは遠い。責任はアフリカ人、その制度、そして指導者が負うべきものである。アフリカの経験の多くは、個人によって下された決定と、アフリカの指導者やその支持者が故意に選択した制度に依拠している。アフリカをとりまく貧困と暴力は、その環境による不可避な産物ではなく、指導者によって下された選択と決定の結果なのである。

アフリカのリーダーシップは、しかしながら、私が事務総長に着任した頃は、めったに批判にさらされることはなかった。まるで、植民地主義とアフリカ以外の国、とくにドナー諸国の経済政策が、問題の唯一の根源であるかのようだった。最悪なことに、よそ者を植民地主義となじるスタンスをいつまでも煽る姿勢は、多くのアフリカの恥ずべき指導者の常套手段だった。典型的なことに、指導者たちは、自らを利する、瀕死の現状をそのままに保つことにのみ関心があった。アフリカにおける植民地主義の邪悪についての大上段の議論は、このような指導者の道具であり、それを巧みに使った結果、人びとの関心は真の進歩への要求からそらされてきた。

このような背景より、早い段階から私は議論の風向きを変えるために、事務総長としての立場を利用することにした。就任一年目に、安保理はアフリカ問題についての報告書、とりわけ国際社会がどのようにアフリカ紛争の原因と結果について問題提起できるかについての報告書を要求した。私はアフリカの政府高官をトップに据えた国連のチームに、この報告書の作成を依頼したが、出来上がったものは、あまりに多くの古くからの議論、つまり植民地主義の悪とドナー諸国の失敗という議論を集約したものにすぎなかった。

　この報告書は控えめに表現しても失望させられる代物だった。アフリカが長年にわたって国際社会にアフリカの実情を伝える際に使ってきた手法で書かれていたからだ。それは、時代遅れで、有益でなく、結果的には不誠実な手法であり、打ち破る必要があった。しかし、一人のアフリカ人として、私はいまや自分が、アフリカ人の側から変化を推し進めることができる優位な位置にあることをわかっていた。アフリカ人は、私の意見なら聞くであろう。

　報告書の草案を見て、私は新しいチームを招集し、このプロジェクトを引き継いで報告書を書き直すよう依頼した。新チームでは、三人の国連職員がリードをとったが、若いジンバブエ人のスタンレイク・サムカンゲもその一人だった。サムカンゲはアフリカの新しい思考を体現していた。私が与えた指示は単純だった。アフリカにおける課題と希望を率直に評価することによって、アフリカの人びとに真の貢献をせよ。植民地主義とドナー諸国の失敗がアフリカ問題の根幹であるという古いレトリックはもういらない。

「これは国連らしくないですね」と報告書の発表時に事務総長補のカール・テオドル・パシュケがコメントした。「アフリカレポート」は直接的で率直だった。従来の国連の報告書にはないスタイルだったが、「アフリカレポート」の発表によって、われわれは外交上の懸念を理由に過敏な態度をとるという習慣を断ち切った。

「あまりに長い間、アフリカにおける紛争は回避不可能か収拾不可能、あるいはその両方であると考えられてきました」。一九九八年四月一六日、安保理への「アフリカレポート」提出に際して、私はこう発言した。「しかし、そうではありません。アフリカにおける紛争は、世界の他の地域の紛争同様、人間の所業であり、したがって、人間が終結させることができるのです」。私は、報告書が提起しようと試みた、新しいアカウンタビリティーと責任の視点を、ここでも適用した。「独立から三〇年以上を経た今、アフリカ諸国の間では、現在の紛争の要因を、植民地支配の影響以外のところに見出す必要があるとの認識が広がっている。今日、これまで以上に、アフリカは自身を見つめるべきなのである」と報告書は述べている。

私が明確に伝えようとしたのは、アフリカにおける失敗と悲劇は、アフリカ人とアフリカの指導者の失敗に、他の要因と同じく起因するということであった。「アフリカレポート」は植民地支配の影響について触れてはいるが、その扱いは多数の歴史的要因の一つとしてであり、現状説明の一環としての位置づけに留まっていた。レポートはまた、国連を含む、国際社会のアフリカ支援における失敗、平和維持と持続的発展の前提条件の創設におけるすべての関係者の失敗を強調していたが、その失敗は問題の核を取り巻くものとして扱われていた。問題の核は、アフリカ内部の政治と指導者である。

アフリカは私の故郷であり、私はアフリカ人だ。しかし、私には世界全地域、一九二の加盟国を持つ国連事務総長としての責務があった。したがって、就任直後から、アフリカに対する特別な計らいや、好意的な対応はあり得ないというのが、私のメッセージであった。

事務総長としての責務を果たすためには、全世界を相手にしなくてはならない。事務総長として狭量な対応、たとえばアフリカ問題のみに集中するというようなことをしたら、その他の国を責務の対象から除外し、結果として個人的利益のためだけに働くことになる。そのことを、わかっていない人が多い。誰かを無視すれば、自らも無視されるようになる。しかし、現代の世界では、物事を成し遂げるには、すべての人びとの参加が必要である。特に、外からの援助がどこよりも必須であるアフリカでは、なおさらである。私が事務総長としてアフリカ問題のみに取り組んだら、ラテンアメリカやアジアの加盟国の協力を得られるであろうか。アフリカ人事務総長として、アフリカ人を側近に置き、アフリカ問題を優先したならば、結果的に私はアフリカ問題において、成果を挙げることはできなかったであろう。

アフリカの若い世代や非アフリカ人は、私の故郷への強い愛に裏付けられた手法が正当であることを証明した。彼らは、私のアフリカ問題についての議論への率直な関与を歓迎してくれた。私は、従来と違って、アフリカ問題の根源を一つの要因のみに不当に起因させることはしなかった。従来のアプローチは、アフリカ自身の責任を回避させるように作られたものと認識されていた。新しいアプローチは、アフリカ以外の国の政府、とくに富裕なドナー国から決定的な信頼を得た。その結果、私の意見は尊重されるようになり、その信頼を、私はアフリカが外からの支援を受けるために利用した。加盟国はいまや、私がアフリカにおけるニーズに現実的な意味で敏感であると同時に、アフリカの失敗については容赦しないことを理解していた。また、彼らは、私がアフリカ以外の、彼らが直接的に懸念する問題にも真剣かつ意欲的であることも理解していた。

「アフリカレポート」の発表後、国際外交の最高レベルで前進が始まった。間もなく、外相が出席する安保理の特別会合が開催され、レポートが勧める、いくつかの現実的解決案が承認された。総会も直後に解決案を支持する決議を採択し、経済協力開発機構(OECD)も、アフリカ現地の尽力とパートナーシップをもってする新たな国際的解決案を提案し始めた。レポートは貧困への関心を惹起し、二〇〇〇年九月のミレニアム開発目標(MDGs)創設を可能にする条件の一つを作り出す結果となった。

レポートのフォローアップ議論の一部として、一九九八年一一月に私はパリで開催された首脳会合で演説した。アフリカ問題へのアフリカ的解決とは、これらの会合で繰り返し述べられたメッセージであり、核心に迫ったことを伝えていた。アフリカを説得するには、国際的なサポートが必要なことを、私は理解していた。それ以外の方法はない。アフリカの植民地支配を盾にした自己防衛は問題を複雑化するばかりであった。その結果、開発援助はいまだに何か裏があり植民地的ではないかとの意見を呼んだ。

このスタンスと外部にのみ責任があるとする強固な姿勢は、外部を効果的に拒絶すると同時に、外からの支援を要請するという姿勢に行きついた。私は、たった一つの全面的な真のゴール、アフリカ人のためのよりよいアフリカのために、この状況から皆を脱出させたかった。

「たしかに、アフリカ問題にはアフリカ的解決が必要です」と私は首脳会合で述べた。「しかし、重要なのは、問題の起源ではなく、解決であり、誰が解決するかではなく、解決策が持続的な平和と富の分配をもたらすかであります」。われわれはアナクロな憎悪がもたらす危険を実感し、解決という目的のみに尽力を集中するべきである。重要なのは、われわれすべてが――アフリカ人も非アフリカ人も――前に進むときであるということであった。

ハラレでの演説時、アフリカの国家元首は、私が軍事政権について批判的な発言をすることにさえ、強い不快感を覚えていた。ＯＡＵ事務局長のサリーム・Ａ・サリームは「このような発言をしてのけて、袋叩きにもあわずに退場できたのはあなただけです。このような発言をする覚悟のあるアフリカ人はいないし、非アフリカ人のいうことには、われわれは耳を貸さない」とコメントした。

私は「誰かがしなくてはいけないことですから」と返答した。

しかし、サリームは正しかった。事務総長という役職には因習的な力があり、それに依拠して、他者が説得にしろ、強制の結果にしろ発言できないときに、代わりに発言し、意見を聞いてもらうことが可能であった。ハラレにおいて、私は自分にとっての最良の同盟者がだれであるかわかっていた。私は国家元首に対して呼びかけるのと同じく、聴衆に向けても語り掛けた。アフリカの市民社会の代表である聴衆から、私の演説への称賛が最も強く聞かれた。これは、指導者たちの多くが静まり返っているのと明瞭なまでに対照的であった。国連事務総長として発言しながら、私は考えを同じくする市民活動の指導者たちに、集結するべき場所を示し、激励し、彼らの声の重要性を認めた。

それから一年後、私はザンビアのフレデリック・チルバ大統領のOAUでの演説を聞いた。チルバはどのゲームにもルールがあることに言及し、サッカーでは反則行為にレッドカードが出るという例を挙げ、レッドカードのシステムは、クーデタによって権力の座についた指導者に適用されるべきだと論じた。今日ではこのような発言は驚くことではないかもしれないが、当時アフリカの国家元首が軍事政権について突如公の場で批判的な発言を行うことは全くもって意外なことであった。公開討議の火ぶたは切って落とされ、それからの変化は速かった。一九九九年と二〇〇〇年に、OAUは憲法にのっとらない政権交代を拒絶する、一連の重要な宣言に同意した。これらの宣言は、二〇〇二年に正式に発足したアフリカ連合(AU)の新しい憲章に組み込まれた。したがって、AUにおいて、軍事クーデタや憲法に依らない政権交代で権力を奪取した政府は加盟国になることはできないという原則が制度化された。クーデタがおこれば、当然AUを脱退させられることになる。私は国連もAUに続くことを望み、期待したが、いまだ実現していない。

もちろん、アフリカでその後もクーデタが発生することは明らかであり、実際発生した。しかし、クーデタの代償は払われている。トーゴ、モーリタニア、コモロ、マダガスカル、ニジェール、マリ、ギニアで発生したクーデタの結果、これらの国のAU加盟はただちに停止され、外交的孤立やその他の制裁が導入された。AUは地域統合を促進する目的を持つ機関であり、アフリカ諸国は試練を乗り越えるべく合同で努力する。AUはすべての加盟国にとって重要な集団機関であり、そこから排除されることは厳しいことだ。排除措置は、最も頑迷で狭義の政権維持にしか興味のない指導者さえよく考えて行動しなければならない令状となった。突然、新たな軍事政権が支配を実行することが、大変難しくなったのである。

二〇〇五年八月に権力を掌握したモーリタニアの軍事政権への影響は、すぐに明らかになった。騒乱直後、モーリタニアのAU加盟は停止され、制裁が検討されはじめた。軍事政権は、現政権が暫定措置に過ぎないと宣言し、政権の目的はモーリタニア史上初めての民主政府への先鞭をつけることであり、軍の関与が許されない選挙が施行され次第、民主政府は成立すると説明した。軍事政権がこのような弁明をすることは珍しくないため、私は懐疑的だった。しかし二〇〇七年に、軍事政権はこの公約を守り、選挙と民政移管をかなえるために退陣した。

モーリタニアの軍事政権は、全権掌握を目指すというより、真剣に、速やかに民政に移管するために政権掌握をしなければいけないと信じていたようだ。従来のアフリカにおける軍事クーデタの指導者は、制裁や罰則の可能性がないことを見越し、常にできうる限り長期にわたり権力にしがみついていた。ウガンダのイディ・アミン、スーダンのオマル・アル＝バシール、ナイジェリアのサニ・アバチャ、リビアのムアンマル・カダフィは皆、政権奪取後にその後の統治プランを白紙に走り書きする程度の計画性しかなかった。モーリタニアの軍事政権の公約と、その実行は衝撃的な変化であり、AUの戦略が功を奏したと言えよう。

モーリタニアでは、しかし、これは結局実らなかった。二〇〇八年に、新たなクーデタが発生した。二〇〇五年のクーデタを組織したのと同じグループによって行われたのだが、彼らは新大統領によって軍の指導部から追われたのを不満に思い、クーデタに訴えた。しかし私にとって、この事件は、クーデタの指導者が、祖国の政治的成熟よりも、自らの地位を重視するという根深い悪意のある姿勢を証明するものにほかならなかった。さらに質《たち》が悪いのは、二〇〇七年の選挙に強く協力していたことだった。アフリカの指導者の軍事政権への制裁システムを実行しようという取り組みは、軍事政権を存続させようという立場にとって、より厳しいものになっている。

一九六〇年の独立以来、一〇件以上のクーデタとクーデタ未遂に苦しめられたモーリタニアにおいて、そのようなシステムが軍事支配の抑止に作用したとすれば、アフリカ全土で同様の効果があるのである。モーリタニアにおける破壊されたケースのような小宇宙でも、われわれはアフリカ大陸全土における変化、アフリカがよりよく統治される可能性を増大させる変化の始まりを目撃していたのである。

五〇万のルワンダの亡霊――ケニア危機

「大統領閣下、すでに一〇〇〇人以上が死亡しています。解決策を出すときです」と私は言った。それはケニアのムワイ・キバキ大統領との私的な会談の席だった。数週間前に細菌に感染し、発熱から回復しきっていない私は疲労困憊していた。これは私ができる最後のことだった。ゲームは終わらなくてはならない。ケニアの政治システムの変革についての合意が必要だった。さもなければこの国には対応しきれない災厄が降りかかるだろう。

二〇〇八年初旬、私が国連事務総長として二期を務めあげてから、一年以上がたっていた。大統領や首相と交渉するような役目を果たすことはもうあるまい、と確信していた時期であった。しかし、いまや私はケニアに三九日滞在し、骨の折れる和平交渉を仲介していた。

すべてが始まったのは二〇〇七年一二月の大統領選挙であった。それは一九九二年に複数政党制が確立されてから四度目の選挙だった。大統領選挙は議会選挙および地方選挙と同時に行われた。誰が勝つかは明らかだった。投票は驚くほど平和裏に進んだ。一二月二七日の投票は暴力沙汰に傷つけられたそれまでの選挙とは明らかに対照的だった。これを受けて、誰もが、ケニアは経済成長と合わせて、民主主義を機能させるさらなる一歩を踏み出したと考えた。ケニアはアフリカの成功国の一つという評価を得ていた。

しかし、選挙結果が発表されると、反則技が導入され、ケニア社会の暗部が台頭した。平和な国というイメージがある一方、ケニアには経済政治構造の深層部に埋め込まれた、別の顔もあったのだ。不平等と縁故資本主義政治という二枚刃によって、ケニアの民族を枠とする体制は深い嘆きや憎悪、絶望的な競争が長いこと取り除かれてきた。ケニアにおける政治家や公務員の腐敗と汚職は想像を絶するものとなっていた。ケニアは独立以来、植民地時代の白人の私利私欲追求を真似て、自らとその家族、また部族の私服を肥やすために公職を利用し、民族的派閥が交代しながら支配されてきた。政権が交代しても、新しい支配者が自らの部族に富を注ぐことに変わりはなかった。腐敗は正義とされ、どの政府も汚染された。

この現象はトップエリートの間に見られた。下層階級からみれば、これは一般庶民の機会をなきものにする、巨大な汚職の上に成り立つシステムであった。二〇〇七年まで、国家とビジネスの収益は汚職によって消費されてしまい、そのうまみが下層民を利することはほとんどなかった。たとえば、ケニアの典型的な高級官僚やＣＥＯは、一族の五〇人ほどの教育費や医療費を払うために、自らの地位を利用していた。ケニアの人口の五五％が一日一ドル以下で生活している事実と、これは対照的であった。貧困のどん底にある人びとにとって、頼れるものはほとんどなかった。血縁や民族という紐帯を通じての、腐敗した富の分配のみが、持続的な生存を保障していたのだ。しかし、勝者のみがすべてを手にするというケニア政治のダイナミクスにおいては、自らの部族が勝者になるまで待たなくてはならなかった。

このように活力を失ったシステムにおいては、汚職はすべての分野において、生計に不可欠だった。ほとんどのケニア人にとって、生活は部族の影のちらつく狭く決められた道を行くような苦い戦いであった。しかし、これは通常は隠れた戦いだった。あまりにケニア社会に深く根ざしていたこのシステムは、部外者には見えなかった。実際、ケニア人自身が部族や部族関連の日常的な結びつきについて触れることはなかった。

この結果、予兆はあったものの、迫りくる危機を予測していた人は少なかった。キクユ部族がエリートとして長く君臨してきたケニア政治において、二〇〇七年の選挙で野党がこの不平等に終止符をうつ立場をとった。地方レベル、とりわけ貧困層にとって、この政策構想のキャンペーンは徐々に「四一対二」という来るべき清算の形をとっていった。四一とは、支配部族であるキクユ以外のケニアの部族数である。

選挙予想によると、ルオ部族のライラ・オディンガ率いる野党のオレンジ民主運動（ＯＤＭ）がキクユ部族であるムワイ・キバキ大統領の国民統一党（ＰＮＵ）を大きく引き離しているという。変化への期待は、後に明確になるが、恩恵を受けない部族の、本来自らが権利を有する利益への主張のみならず、近くその利益が正しく取り返されるべきという正義感に依拠していた。とくにルオ部族の間でこの機運は高まった。ルオ部族はケニアの三大部族の一つであったが、部族が交代で覇権を握るケニア政治において、常々キクユ部族とカレンジン部族に水をあけられていた。

しかし一二月三〇日に、意外にもキバキ大統領が勝者であると宣言された。そして雷が落ちた。これは予想と全く反したもので、議会選挙の結果はＯＤＭの圧勝だった。大統領選挙の投票が操作されたことは明白だった。ＯＤＭとその支持者は選挙をごまかしであると宣言し、修正を要求したが、大統領は一二月三〇日の夜に、わずかな人が立ち会った儀式で就任宣誓を行った。大統領は不正を完全に否定して、野党が敗北を認めることを要求した。

ケニア人の大半は極度の貧困の中で生活しており、部族間の騙し合いのゲームの結果が、彼らの行く末を左右した。ケニアにおける絶対権力は法の支配ではなく、血縁の支配であり、血縁は部族を意味した。

ルオ部族は、奪われたものを相殺するかのように、キクユ部族のビジネス街や住居で略奪を行った。そして、治安の悪化と部族間の暴力はエスカレートし、ケニアのすべてのコミュニティに広がっていった。国の富を享受することを拒絶される恐怖は、搾取される恐怖と結びついた。怒りは略奪を呼び、略奪は治安悪化を招いた。治安が悪化した結果、暴力、残虐行為、そして組織的な大量殺害が発生した。残虐行為として報告された件には、マチェテで武装したギャングがバスを止め、乗客に身分証の提示を強要したというものがあった。身分証には姓と父方の出身地が記載されているので、所属部族も明らかになる。敵対部族の一員は、殴打されるか殺害されることになる。

これらの事件が発生する前、私はガーナのアクラにいた。事務総長としての激務から解放され、クリスマスに故郷を訪れていた。ケニアで発生しつつある事態について、多くの人と同様、まだ知らなかったが、妻がケニアで選挙が行われたことに言及したので、結果を知るためにテレビを点けた。すぐに、ケニア全土に暴力が広がり、勢いを増していることを理解した。元旦には三〇人が教会に留め置かれ、殺害された。学校が放火され、村々が襲撃された。ルオまたはカレンジンがキクユの殺害やレイプを実行し、またキクユも同様のことを行った。部族間紛争は深く広がり、止めることはできないのではと危惧されるまでになった。ナイロビへのフライトはほぼ空席である一方、ケニアからは大量の人びとが陸路逃れていった。

市民が路上や教会で虐殺されるイメージは、ルワンダやボスニアと同じだった。国民の大多数が絶対的な貧困状態にあり、四二の民族集団からなる国は、分裂し、内戦の瀬戸際にあるかと思われた。複雑に分裂する様は、ソマリアを想起させた。

外部からはこのことがよく見て取れ、とくにアフリカの指導者には明らかであった。ノーベル平和賞受賞者のデズモンド・ツツ枢機卿は一月二日に、オディンガとキバキを仲介すべく、南アフリカからケニアに飛んだ。しかし、流血の混沌が身近で発生しているにもかかわらず、オディンガとキバキは対話をする用意がなかった。キバキ一派は勝利に拘泥していたし、オディンガ率いるODMは政権交代が否定されたことに激怒していた。米国のブッシュ大統領は、一月四日に国務長官補アフリカ担当のジェンダイ・フレイザーを、やはり仲介目的でケニアに派遣したが、彼女も同様の壁に阻まれた。

ガーナ大統領のジョン＝アジェクム・クフォーは当時AUの議長であったが、ケニア危機について話し合うために、私をアクラの自宅に呼んだ。彼がAU議長として、事態打開が可能かを見極めるためにケニアを訪問する案に、私たちは合意した。キバキが当初公式に外部からの仲介を拒否する姿勢をとったため、クフォーは、ケニア大統領から完全な同意を得るまで、訪問を数日延期した。一月八日、クフォーがケニアに到着した。同じ日に、ベンジャミン・ムカパ(前タンザニア大統領)、ジョアキム・チッサノ(前モザンビーク大統領)、ケトゥミレ・マシーレ(前ボツワナ大統領)、そしてケネス・カウンダ(元ザンビア大統領)もケニアを訪問した。

元国家元首一行は、すべてのコミュニティが暴力で破壊されたエルドレットの町を訪問した。キバキとオディンガは、依然会うことすら拒絶していた。しかし暴力が一向に収まらないなか、クフォーは、解決を仲介するアフリカの指導者のチームを派遣することを両名に同意させた。
一月一〇日、私はこのことをクフォーからの電話で知った。「キバキとオディンガはアフリカ人のチームによる仲介に賛成しました。彼らが同意した三人の参加者は、グラサ・マシェルとベンジャミン・ムカパ、そしてチームリーダーとしてコフィ・アナン」。モザンビークの元教育相でネルソン・マンデラの妻でもある女性と、タンザニアの前大統領の名前に触れた後に、クフォーは私の名前を挙げた。「引き受けてくださいますか?」

これまでの仲介努力の成功と失敗についてよく説明されていたので、私は一つの条件のもとで引き受けることにした。その条件とは、われわれのチームのみがこのプロセスに関与し、各派にはいわゆる「仲介者のはしご」をさせないというものである。私は一〇年前に書かれた「アフリカレポート」を思い起こしていた。アフリカの危機は回避を可能にするための全体的な制度が必要であり、その方法の一つに「新たな紛争が拡大し、制御不可能になるほどエスカレートする前に収拾する」ために信頼されるアクターが介入することも含まれていた。しかし、レポートは「仲介枠組みが設立された後に、敵対的または競争的な勢力が起こす」危険についても強調していた。これは、私自身も幾度となく目撃したよくある問題であった。各派の指導者が、状況をもてあそび、他の仲介者によって提示される機会を利用し、立場を変え、プランを交渉し、和平を犠牲にしてプロセスを有利に展開するような状況だ。ケニアでわれわれが直面する障害を考えれば、もし各派が「はしご」を行った場合、解決は不可能になる。単純な選択として、私は当事者に次のメッセージを伝えたかった。もし、仲介に携わることができるのがわれわれのチームだけでないのなら、私はケニアに行かない。

緊張を緩和し、交渉を進めるには二週間はかかると思われた。まずジュネーブの自宅とアナン基金の事務所に戻って残った仕事を片付ければ、仲介に全力を注ぐことができると、クフォーに告げた。

私は一月一六日にケニアに出発することになった。しかし、前日に発熱した。ガーナから戻った直後、私はマラリア検査のために病院に行ったが、異常はなかった。しかし、翌日、空港に向かう車のなかで、体調が急激に悪化した。私は優秀で経験豊富な基金の補佐役、ルツ・マッコイに付き添われていた。体温が急上昇し、悪寒で震え始めた。「病院に行ってくれ」と私は運転手に頼んだ。

私は緊急治療室に運ばれ、それから入院することになった。病院で一〇日間、点滴での投薬治療が必要だという。「そんなに長くは待てません。すぐケニアに行かなくてはならない」と私は抗議した。だが、それは不可能だという。医師と医療チームが病床の私をとり巻いて、交渉が始められた。「少なくとも自宅療養はできませんか?」。それも無理だという。私は病院で点滴治療を受けなくてはならないという。一〇日も入院できないと私は主張した。では五日入院し、あとは経口の抗生物質を大量に服用するのは?　病院側はしぶしぶ同意した。五日後、私は山のような抗生物質をポケットに入れて出発した。

しかし、私の選択は間違っていたようだ。細菌性の感染の結果、私はふらふらで、体はボロボロだった。熱のせいで、深い疲労が抗生物質の効果とともに体にしみていくのを感じながら、私は機内でほとんど眠っていた。しかし、五日間の入院のおかげで有利に運んだこともあった。入院中、私は主要な首脳に電話をかけ、AU、EU――特に英国とフランス――、米国、そして潘基文《パンギムン》事務総長をはじめとする国連に、われわれの仲介への完全かつ統一した支持を呼びかけた。潘事務総長は、全面的な支持を約束し、事務局のスタッフを同行させることにも同意してくれた。人道対話センターでもディレクターのマーティン・グリフィスをはじめとするスタッフを見つけることができた。また、元国連法務官のハンス・コレルにも参加してもらった。私は国際社会の主要なプレーヤーの明確に表明された支持と権威とともに、ケニアに到着することになった。各派は、したがって、私の仲介を受け入れなければならないだろう。さらに、状況はますます悪化していたので、合意が必須なことは明らかだった。

現在では「アフリカ賢人パネル」と呼ばれる仲介プロセスは、われわれが到着した一月二二日に正式に発足した。予期せぬことだったが、キバキの招待を受けて、ウガンダのヨウェリ・ムセヴェニ大統領もこの日にケニアを訪問した。PNUは選挙についての紛争に外国人が関与することに反対していた。彼らは権力を掌握しており、現状維持を望んだ。したがって、PNUは彼らに有利に動く人物の交渉参加を画策した。ムセヴェニはキバキの朋友だった。

ナイロビのセレナホテルに到着するやいなや、私はムセヴェニの電話を受けた。政府とODMの双方が受け入れる和平プランがあるという。このプランを導入するには、まず選挙結果について合意が必要だという。ムセヴェニは、ケニア大統領官邸であるステートハウスで会って話し合おうという。

私はこれまで経験してきた多くの駆け引きからして、この手には乗らなかった。ムセヴェニとキバキは全勢力に選挙結果への合意を強要する方策を持ち出し、私の訪問をこのプランへの承認として使おうとしていた。私は関係者全員に連絡する前に会談するわけにはいかないと言い訳した。そしてオディンガに連絡した際に、私の疑念が正しかったことが確認された。オディンガは、キバキと近いムセヴェニを仲介者として受け入れることはあり得ず、またその可能性について打診されたこともないと言った。ムセヴェニの計画はそこで終わり、彼は二日後に帰国した。

それまでに五〇〇人以上が暴力行為によって死亡したと推定され、ケニアには危険なムードが広がっていた。私にはなんの幻想もなかった。どの派も話し合いに応じる気はなかった。しかし、状況を落ちつかせ、対応がとられていると感じられるための信頼醸成措置を早急に取る必要があった。各派が公の席で少しの間会うだけでも、国民にアピールする現状突破になるだろう。

しかし、どの派も一緒にいるところさえ見られたくないというようなありさまだった。ＯＤＭはＰＮＵに選挙での不正を認めるよう要求し、ＰＮＵはＯＤＭにまずはキバキが大統領であることを受け入れろと要求した。ムセヴェニがキバキと会談している時間だったが、私はオディンガに会いにいった。

「ケニアを救い、和解させるために、キバキと話し合うことを強くお勧めします」と私は言った。「次は大統領に会います。あなたと会見するように依頼します。もし彼が同意すれば、会ってくれますね」。

「でもステートハウスでは会いませんよ」とオディンガは答えた。「ステートハウスに行ったら、彼を正統な大統領と認めたかのように見える。キバキはそうではない」。

明白なノーを突きつけられないよう、私は言った。「よろしい、まずアポをとりましょう。プロトコールについてはそれから考えればいい」。オディンガは同意しうなずいた。翌日私はキバキに会い、オディンガが公の場で会う意向だと告げた。私はキバキにオディンガのサインを受け止めるかと聞くと、キバキは同意した。私はすぐさまオディンガに連絡し、会合を設定した。

オディンガとキバキ、そして私は、ケニア大統領府であるハランビーハウスの一室で、三人だけで会った。国が燃え盛ろうとしているのに、彼らは会合に乗り気ではなかった。一時間以上にわたって差し向かい、お茶を飲んだが、両者とも解決への話し合いをしようとはしなかった。それから、われわれは外に出て、記者に挨拶し、オディンガとキバキが握手し、対話プロセスを始めることに賛同している様子が確実に写真に納まるようにした。私はこの一歩の重要性を鋭く認識していた。二人のリーダーが交渉し、解決への道のりにあることを示すのは、信頼醸成措置として作用する。私はケニア全土の絶望的な雰囲気を鎮めるのに必要なものを提供した。

しかし、これは表面的なものにすぎなかった。実際、両者は話し合いの準備ができていなかった。緊張は非常に高まっていた。両者を直接的に交渉させることで、個人的対立を引き起こし、すべてのプロセスを破壊する可能性があった。握手の後、私はオディンガとキバキそれぞれに、交渉チームを構成する名前を三人ずつ挙げるように告げた。これが、事態を動かす唯一の道に思えた。

両者は「ケニア国民対話と和解(KNDR)」を立ち上げることに合意し、一月二九日に交渉チームによる交渉が始まった。この五日前に、私はプロセスの方向について思案する機会を得た。問題はもはや、選挙結果について二つの政党のリーダーに不一致があるという域を超えていた。全国に波及した暴力が意味するところは、この問題が、ケニアの政治体制とその社会との関係性に起因する、本質的なものであるということだった。ケニアにおける問題を根幹から解決するプロセスが必要であった。さもなければ、どのような合意も意味をなさず、次の暴力が発生するまでの時間稼ぎにしかならないだろう。われわれの仕事は、政治エリートに代わって、交渉をお膳立てするだけではすまなかった。ケニア社会すべてに関与することからしか、解決は不可能だった。われわれの仲介は真の政治的改革プロセスの始まりでなければならなかった。

この暫定期間に、私はケニアのNGO、市民社会、教会やビジネス関係者と一連の会合を開始し、これから始まるプロセスは透明性を保ち、彼らも関与するものであると約束した。これは、プロセスが進行中であり、また政治家だけのものではなく、社会一般に利益をもたらすものであるという見解を広めるために必要であり、世の中を鎮めるための措置であった。これら関係者すべてに、私は両政党間でなされるいかなる合意も、ただちに一般に公開されると約束した。国民には知る権利があるのみならず、仲介プロセスが改革への道であるなら、国民はプロセスの当事者でもあるからだ。

しかし、一月二九日に最初の交渉が始まって以来、文字通り席次が問題となった。オディンガとキバキが交渉者間でのプロセスを始動するために、会談する予定になっていた。この種の会議の先例にのっとり、私のチームは席順を決めた。私を中心に、キバキが右側、オディンガが左側に座った。しかし、キバキのチームの一人がやってきて、椅子を並べ替え、大統領専用の椅子を中心に据えた。会場にやってきた私は、この光景に出くわした。

「これは大統領の会合ではありませんよ」と私は穏やかに言った。「二人の指導者の間の会合です。椅子を戻しなさい」。

「しかし、それでは大統領を蔑ろにすることになります」と公共事業の長で、大統領秘書官のフランシス・ムタウラが抗議した。キバキの地方自治大臣であるウフル・ケニヤッタもムタウラの後ろから同意した。「大統領は国内では必ずこの椅子を使い、一番権威ある場所に置いてお座りになります」。

「これは政治仲介の会合です。いつもとは違います」と私は反駁した。「この会議の議長は私です。キバキ氏とオディンガ氏は私の両隣に座ります」。もしもODMが大統領の椅子が中心に据えられているのをみたら、彼らは会合をボイコットするだろう。PNUの反逆を止めるために、キバキは椅子を使ってもいいが、中心には置かないことで合意した。

緊迫感に欠けた、子供じみた抵抗は刮目するべきものだった。これは、四日にわたり、六〇人が死亡したリフト渓谷での戦闘のさなかの出来事だった。PNUのタカ派が悪名高いキクユのギャング集団、ムンギキをはじめとする犯罪組織に資金を渡しているとのうわさが流れた。ムンギキはスラムから町々へ向かい、キクユに逆らう者に残虐なメッセージを送っていた。そのさなか、政治家は椅子のことでもめていたのだ。

リーダーたちによって会合が開始された後、両者の交渉チームは、それぞれの立場は根本的に違うものの、いくつかの基本点について合意することができた。暴力を停止させ、人道危機を処理するための行動が必要であり、ＰＮＵとＯＤＭの対立に起因する政治危機を解決するための何らかの措置が必要であること、また、この全国規模の危機には、あきらかに歴史的要因があり、その要因を調査し、対処に必要な改革についての提案を行うことが合意された。その結果、われわれはＫＮＤＲプロセス全体のための四点からなる課題を設置した。四点目はケニア政治システムの長期にわたる改革プログラムである。

われわれはＫＮＤＲプロセスのための四課題を文書化し、両者に署名させ、二月一日に公開した。それからの数日、いくつかの声明が合意されたが、これらも同じ過程をへて公開された。当日、キバキはＡＵサミットに参加するためにエチオピアにいたが、彼は執拗に反対派の立場を攻撃し、ＯＤＭが拒否した提案に固執した。われわれの文書は、対話のための非常に基本的な合意にすぎなかったので、われわれは、プロセスが前進しているとの印象をメディアに報道してもらうことで、信頼を醸成するという戦略を続けた。

安定を促進することが決定的に重要であった。第二のルワンダになるのでは、という懸念はまだ存在していた。仲介プロセスの間、国民がルワンダと同規模の流血の可能性を恐れていることは明白だった。この恐怖の感情は危険でもあった。恐怖は政治的解決への渇望を生みもしたが、同時に人びとは、国家機関が崩壊する可能性も予見し、それへの備えを始めていた。病的なまでの悲観主義が亢進した結果、自らの利益を守るために、暴力に訴える可能性は増大し、敵意、衝突、死への危険が高まった。

一九九二年に複数政党制が再導入されて以来、ケニアでは選挙のたびになんらかの政治的暴力を経験していた。例外は候補者が不在であった二〇〇二年の選挙のみである。しかし、今回の暴力の規模と程度は、世界に衝撃を与えた。この政治的暴力は以前のものとは本質的に異なり、ケニアという国家の存在を危うくするほど、国を根底から揺さぶった。その結果、仲介プロセスの期間、国民は期待と焦り、仲介が失敗した結果起こるであろう未知の事態への恐れに包まれていた。

二月八日、ケニアの新聞に、副編集長が執筆した、私への公開書簡が掲載された。彼女の書簡は、私が政治家たちの根深い非妥協的な態度のせいで、仲介役をおりるのではないかという不安が国民の間で広がっている、という点から始まり、いかに国民が恐怖に包まれているかを、丁寧に説明していた。


あなたはケニア人をこれほど脆弱にした不確実性をご覧になったはずです。私自身が、幼い子供に戻ったように感じています。怪物を恐れて、暗いところで一人にしないでほしいと父親に懇願する幼女のように。アナン、あなたは怪物がこの国で起こした惨状、すさまじい暴力をご覧になったはずです。あなたと寛容なグラサ——私は彼女をアフリカ大陸の母に推薦します——はケニア人の心の琴線にふれました。あなたがたは、政治家に、平和を促進することに全力を注ぐことを約束させました。どうぞ、彼らが約束を守るように圧力をかけることをやめないでください。

しかし、あなたも人間ですから、政治家たちの二枚舌にはじきにうんざりされることでしょう。あなたが失望されているのは、表情からも明らかです。今週には、議論の的である選挙結果というデリケートな件について、慎重にかじ取りされた話し合いがありました。われわれは「進むか壊れるか」という恐るべき段階にいます。この状況が続けば、ケニア社会は学校に通っている子供たちを、生存のために民兵として戦わせるようになるほど堕ちるでしょう。あなたはすべてのケニア人は政府に抱かれ守られていると感じなければならないとおっしゃいました。真の変化への確実な地盤に、われわれを置いてください。

私はこの公開書簡に心を動かされ、返答として公式声明を発表した――私は失望していませんし、任務を完了するまえにケニアを離れるよう挑発されてもいません。しかし、私自身、グラサ・マシェル、ベンジャミン・ムカパ、そして懸命に働いている仲介チームのメンバーは、このメッセージによって、事態が制御不能になる前に、沈静化するための真の進歩が本当に必要であることを確信しました。

しかし、事態は悪化していたが、慎重な計算が必要だった。論争の的になっている選挙結果についての公式な回答を出さなければならなかった。有効票の数え直し、大統領選挙のやり直し、投票結果の法的な調査などの案があったが、私は票の数え直しや、選挙のやり直しは上手くいかないとの結論に達していた。そんなことをすれば、論争をますます深め、システムを欺く機会を増やすだけだ。この暴力的な環境において、そのような選択をすれば、事態が悪化するのは確実である。票の数え直しや選挙のやり直しは、この危機の根幹的原因を解決しはしない。この時点で、私は、権力共有と憲法改正のみが、ケニアをこの流血の窮地から救うという結論に到達していた。

しかし、交渉の雰囲気と、チームがオディンガとキバキから受けている指令から、そのような案が合意されるとは考えられなかった。政治的解決という案は、ただちに却下される恐れがあった。私はこの案を彼らに直接、好ましい方法であると提示することはできないと理解していた。私たちが相手にしているのは、とてつもなく頭脳明晰で、自主的な交渉者であり、彼らは相手が提案してくる解決法が、自らの陣営に有利ではありえないという猜疑心の塊でもあった。最良の方法は演繹的に交渉を導くことだった。二月一二日に、私は交渉の場をツァヴォ国立公園の美しい野生の自然に囲まれた、キラグニサファリロッジに移した。この静かな場所で、私は双方の交渉チームに、(1)選挙の完全なやり直し、(2)票の数え直し、(3)再集計、(4)選挙結果の法的な審査、(5)両者の間での権力共有のための合意を含む政治的解決、という五つの選択それぞれのコスト、利益、リスクについて、一緒に論じるように指示した。この議論のために、私は国連政務局の選挙支援課のクレイグ・ジェネスをケニアに呼び、それぞれの選択が現実にどのような意味を持つかについて、専門家としての意見を提示するよう依頼した。そして、合同でこれらの選択肢を検証した。交渉者たちはそれぞれの選択肢がもたらす可能性についての検証で中心的役割をはたした。

私が期待したように、それぞれの選択肢のもたらすインパクトが率直な形で提示されると、権力共有以外の選択肢は、事態を沈静化し、危機を解決することはできないことが明らかになった。ほかの選択肢は、時間がかかりすぎるか、このような危機をはらんだ状況で実行するには危険すぎるか、または国民や論争の当事者の目に、信頼できないと映る可能性があった。しかし、権力共有というアイディアの展望は、交渉者たちには脅威であった。そのような概念はケニア政治には存在しないからだ。したがって、二月一三日に私はドイツの国務大臣であるゲルノート・エルレルを招待し、交渉者たちに、ドイツ政治の有効性の基礎であり、政治危機への解決策として定着している連立政権の経験について話してもらうことにした。

二月一四日に、交渉者たちは合意に達し、声明に署名した。声明は「ケニアが深刻な危機に瀕していることを鑑み、政治的解決が国民の和解と統一を促進するのに不可欠であることが合意された」と述べていた。この今までの常識を覆すような合意に加え、声明は、暴力行為を行った者の特定と訴追、「真相究明、正義、和解委員会」の創設などの司法改革へのプランを盛り込んでいた。私は、このようなプロセスは、ケニアが悲惨な体験から立ち直るために長期的に不可欠であると考えていた。二月一四日に発表されたこの簡潔な声明は、したがって、危機を直ちに終息させるための合意の始まりというだけでなく、重要な政治的社会的改革プロセスの萌芽でもあった。

赤十字によると、それまでに死者は一〇〇〇人を超え、村々の焼き討ち、武装ギャングによる威嚇、農場や家々の略奪や男女ともに犠牲となった性暴力の結果、大量の人びとが家を追われていた。その間、政治的解決がどのような形をとるのかについて進展はなかったが、少なくとも、いまや危機脱出のために、連立政権を樹立することへの完全合意が得られた。私はほっとしていた。これ以外の選択肢は、暴力をエスカレートさせるだけだからだ。

私は予想以上に長くケニアに滞在していたが、まだ終わりは見えなかった。抗生物質を大量に服用した結果、私は肉体的に疲労困憊していたが、休息できるチャンスはなかった。まるで狩猟をしているかのようだった。獲物を追い詰めるのに、ちょっとしたしくじりが、すべての尽力を無駄にする可能性がある。

しかし、二月二五日の時点で、交渉はいまだ停滞していた。ここまで来るのにも忍耐が必須だったが、これまで以上の忍耐が必要だった。二五日の朝、交渉者と私を含む仲介者は連立政権での権力分担についての最終合意にたどり着くため四時間を過ごしていたが、合意は形成できなかった。その時点で、必要とされる権力分配は明確だった。キバキは大統領に留まり、オディンガのために、執行権の強い首相のポストを創設し、議席数を反映したPNUとODMの連立政権を形成する必要があった。しかし、首相の権限についての合意には、進展がなかった。とくに、PNUは大統領の権限は拘束されるべきではなく、内閣を共有することはできないという議論を続け、交渉を進めようとしなかった。

私は失望し、いまこそPNUとODMについて国民の信を問うときだと決断した。私は記者会見を行い、交渉者たちは「懸案の課題を解決する能力を欠いている」との結論に達したと公式に説明した。また、いまこそキバキとオディンガが直接交渉し、指導者として膠着状態を脱する責任をとり、結論を出すときだと付け加えた。

危険な賭けではあった。この発言が、交渉決裂というメッセージとしてとられ、結果として街やスラムでの状況を悪化させる可能性があった。しかし、こうでもしなければ、政治的解決にはたどり着けず、結果として今まで以上の流血の惨事を招くことは確実で、そうなればこの危機は拡大してしまう。私は何とかして、オディンガとキバキの足元に火をつける必要があった。

私は非公式にオディンガを訪問し、それからキバキと会った。両者ともこの急な動きを予期しておらず、直接交渉の展望に驚いていた。私はオディンガに、今は待つときであり、ここで妥協しておけば、次の大統領になることは約束されるだろうと言った。このメッセージは琴線に響いたようだった。キバキが大統領の権限について譲歩することがカギだったが、この点がケニアの和平プロセスへの真の障害となった。

キバキとの会談で、私は米国のコンドリーザ・ライスやジョージ・Ｗ・ブッシュ、ＥＵの首脳などの国際社会のキーパーソンと定期的に連絡し合う仲であることを強調した。「国際社会は交渉がまとまらない原因は、ＰＮＵの拒絶であると考えています。プロセスが失敗した場合、代償は大きいでしょう」。

また、私はキバキに長期的な視野で考えるよう示唆し、現状は彼にとって脅威ではなく、むしろ機会であると説いた。「大統領、ライラ・オディンガはあなたより若い。あなたのほうが年長で、いまの大統領はあなたです。ケニアを変える権力を持っているのはあなただ。国と国民に和解をもたらせば、それはあなたの成果になります」。キバキはいつものの、感情を見せない様子で静かに聞いていたが、連立政権を形成するには技術的な問題があること、ケニア憲法の枠組みでは、執行権の強い首相職を創設することが困難であると回答した。

「最高責任者はあなたです」。私は訴えた。「ケニアを救ってください。そうしなければ、あなたに責任が降りかかる」。私は注意深くキバキの表情を見て取ろうとした。「大統領、一〇〇〇人以上が亡くなっているのです」。締めくくりに、私は言った。「いまこそ合意するときです」。

次に予定されたオディンガとキバキの会談が、われわれに残された最後の機会だった。しかし、私は、チャンスはあると感じた。私が交渉の行き詰まりを公にしたことで、交渉当事者の一方が、プロセスをブロックしていることが明らかになった。もしこの日、合意にいたることがなければ、キバキが責められることは明らかだ。さらに、私は駐ケニア米国大使に連絡し、現状について説明した。コンドリーザ・ライスは、今後の米国とケニアの関係は現在交渉中の妥協の結果によって決まると発言した。このような状態までくると、キバキは意見を変えざるをえない。

二月二八日に、キバキ、オディンガ、そして私は五時間に及ぶ真剣な交渉を開始した。われわれ三人のほかに、私が会談に招待したのは、タンザニアのジャカヤ・キクウェテ大統領と、ベンジャミン・ムカパ前タンザニア大統領だった。私は二人に、大統領と首相の間での権力分担を含む、タンザニアのシステムについてキバキに説明してもらいたかったのだ。キクウェテ、ムカパと私は前日にグランドリージェンシーホテルで会い、この点について討議し、一致していた。二人の説明はキバキに効果的で、このようなシステムの下でも大統領は強い立場を維持することが可能であるとし、キバキが権力分担に反対するのに使った最後の本質的な議論が無意味であることを証明した。

獲物はいまや追い詰められた。私は両者に、これが最後の交渉であり、合意が形成されるまで誰も部屋を出ることはなく、合意に達し次第、外に出て、公衆の面前で合意書に署名するのだと告げた。オディンガが手を引く心配はなかった。この妥協案をすでに受け入れる確約をしていた。しかし、キバキにとって今や選択は立場を変えて妥協を受け入れるか、ケニア国民と国際社会のキーパーソンの面前で、交渉を進めることを阻んだ失敗の張本人としてあざけりを受けるかのどちらかであった。

最終的に、キバキは権力分配案に同意した。私は、違約はできないことを納得させた。私は両者とともにハランビーハウスの外に出て、世界に向けて公式かつ速やかに合意に達したことを宣言し、「連立政権のパートナーシップ原則に関する合意」文書に署名した。しかし、勝利の感覚はなかった。あまりに時間がかかりすぎていた。スワヒリ語の格言に「象が喧嘩をすると、苦しむのは草だ」とあるが、これが実際に、人びとの死を伴い、ケニアで起こったことだった。

しかし、信頼が回復され、いまや流血は収まった。政治的和解プロセスと、国民の傷を癒すという困難な仕事を始動することは可能になった。悲劇的な死者の数にもかかわらず、われわれは起こりえた最悪の事態を回避することができた。われわれは、紛争当事者が復讐以外に道がないところまで追いつめられる前に、暴力の連鎖を止めるという、平和構築の歴史上極めて巧みな回避手段を達成した。二月二八日の協定署名はケニア全土に計り知れないほどの安堵の感情をもたらした。前年一二月に始まった暴力のため、新年を祝うことができなかったケニア人は、この解決をもって初めて「新年おめでとう」と言うことができたのだ。

合意に含まれ、議会でその後承認された憲法改正は、包括的な憲法改革のプロセスに先立つ移行的な措置であった。この点において、私のケニア政治危機における仲介者としての役割は存続する。当初二週間の予定でケニアに来たのに、私とケニアとの関わりは、その後四年間続くことになる。二月一日に両派によって合意された「ケニア国民対話と和解プロセス」の第四課題は、政治システムに起因する、暴力の本質的な原因に対応することだった。その後数年にわたり、ナナ・エファ＝アペンテングに率いられた現地のチームはケニアの新憲法作成のための交渉を続けた。新憲法は地方分権化された政府システムを通じて権力を再分配し、土地改革、権利章典、大統領の権力の恒久的な削減を意味するものだった。これを通じて、ケニアのすべての郡、すべての部族や地域的グループを含むコミュニティは権力への代表者を持つことになり、以前の勝者がすべてを勝ち取るという破壊的なシステムは存在しなくなる。

二〇一〇年八月四日、国民投票が実施され、ケニアの政治を一新することになる新憲法が承認された。自らの権力を制限するものではあるが、ムワイ・キバキは新憲法支持のキャンペーンに打って出た。

ケニアにおける仲介と、その後の合意の実施において顕著であったのは、すべての関係者の積極的かつ持続的な関与であった。ケニアの政治家や国際社会のみならず、市民社会、宗教団体、ビジネス界も関与を続けた。ケニア社会は全体として、政治指導者に継続的な圧力をかけた。たとえば、経済諸団体は、政治危機がケニア経済に及ぼす負の影響、特にケニアが東アフリカにおけるビジネスセンターでかつ経済的なパワーであるというイメージを失う可能性があるという脅威について国民に知らせることにおいて、重要な役割を果たした。ケニアの市民社会の各派は、和平プロセスにおいて重要な役割を演じ、合意を成功裏に実施するために、さまざまな貢献を行った。

ケニアの政治システムの改革とともに、われわれの仲介努力から、一つの革新的なアイディアが生まれた。二月一四日合意が提示したプランに基づき、二〇〇八年三月四日に、二つの機関が正式に発足した。「選挙後の暴力行為についての真相究明委員会(CIPEV)」と「真相究明、正義と和解委員会(TJRC)」である。TJRCは二〇〇九年に活動を開始したが、昨今の暴力行為のみならず、ケニアが独立した一九六三年一二月一二日以降の人権侵害と抑圧の形態について調査するよう義務付けられた。TJRCは、したがって、二〇〇八年の危機の解決は、近年における問題のみならず、ケニアの過去における問題に取り組む任務を授けられたのである。TJRCとともに、「国民の団結と統合委員会」がケニアにおける民族間の不平等を促進してきた差別を調査し、かつ処罰可能にして差別を根絶するために二〇〇八年に設立された。こうした機関の設置は、われわれが目指した完全な社会的政治的変化への試み——つまり、ケニアに持続的かつ繁栄を約束する平和と安定に欠かせないリーダーシップにほかならない——を促すものであった。

法の支配を確定し強化する試みを鑑みた、われわれの改革プロセスの重要な点は、国際刑事裁判所(ICC)の関与であった。CIPEVへの提案には、暴力行為について重要な責任を負うと思われる個人の名前と情報をＩＣＣの検事と共有することであった。委員会の長を務めたフィリップ・ワキ裁判官はＣＩＰＥＶの最終報告書とともに、封をした封筒にいれたハイレベルの容疑者リストを私に渡した。私は、ケニアで創設が検討されている特別国家法廷の検事にそのリストを渡すことができた。委員会の提言は、もしケニア政府が暴力行為を組織した容疑者を訴追することができなければ、私がこの封筒をＩＣＣの検事に渡すべきだというものだった。

二〇〇九年七月までに、ケニア政府はこの件について行動がとれないことが明確になった。私は「執行が遅れている正義は、否定された正義である。ケニア国民は不処罰についての具体的な進展を見る必要がある」と当時発言した。ケニア議会で確認され、承認されたＣＩＰＥＶ報告で要請されたように、私は封印された封筒を、ＩＣＣの検事であるルイス・モレノ゠オカンポに提出した。

捜査を経て、二〇一〇年一二月に、オカンポは三人の大臣を含む、六人の高名なケニア人の名前を、暴力に責任があるとして公開した。二〇一二年一月に、ＩＣＣはこのうち四人には裁判にかけられるべき十分な証拠があることを確認した。この四人には、ケニア政治の有力者も含まれていたので、このレベルの容疑者を訴追する意思があるか否かは、結果にかかわらず、アフリカにおける不処罰と人権侵害との戦いにおいて、重要な指針を示すものであった。

ケニアにおける選挙をめぐる対立とそれに続いた暴力の結果、経済成長の欠如や不適切な選挙制度が富、平和、安定を脅かすことが改めて明らかになった。もし、われわれが指導者の間のみの仲裁を行ったなら、明日にも開く傷口に絆創膏を貼り付けるだけのことしか、できなかっただろう。われわれは、真の意味での解決を探らなくてはならなかった。平和で安定し繁栄するケニアは責任あるリーダーによって、人権を尊重する文化と、よいガバナンスを実行する機関と、富と権力の公正な分配、そして最も重要なことに、法の支配の絶対化を実行することによって可能になるのだ。ケニアの将来はこうしたことにかかっている。ケニアがこれらの課題を達成するかはまだ予断を許さないが、ケニアはすべてのアフリカの国がとるべき道をとったのだ。

力を付けたアフリカ

二〇〇八年のケニア政治危機において、国際社会とアフリカの特筆すべきネットワークに支えられて私は仲介者の役割を果たしたが、一〇年に及ぶ国連事務総長としての経験が、この役目を果たす準備となったと、ある意味で言うことができるだろう。ケニアでの経験は、私が他国に行った介入のなかで最も過酷、深刻かつ辛抱強さを求められるものであり、また私の外交の経験と平和構築への熱意のすべてを注ぐことを要求されるものであった。そして、それは私の出身地であるアフリカでのことだった。

ケニアにおける権力分担についての合意を目指した各派の取り組みには欠陥があったものの、一連の介入に続く出来事は、大きなターニングポイントを象徴するものであった。それは、アフリカ全土のためのビジョンに基づいてアフリカ内部で始まり、大陸全土に及ぶという変化であった。そのビジョンとは、人びとがそれぞれ熱望するものを達成できる場所にアフリカを変えることだった。よいガバナンスのための制度を通じた平和と安定ある将来、人権の尊重、責任所在の明らかなリーダーシップ、そして、何より法の支配がこのビジョンの中心である。

こうした変化のすべてが、私が事務総長に就任する以前とは大きく変化したアフリカの体質に頼んで行った介入の結果、ケニアで起こった。こうした変化への基礎はすでに二〇〇七年以前に、アフリカ外交における、政治体質を変えるためにとられた確固たる斬新な努力によって固められていた。一九九七年一月の時点のアフリカから見ると、長い道のりによって遂げた変貌の姿であった。

アフリカは今変化の途上にある。多くの変化があった。いまや、アフリカは近年の強い経済成長とともに、機会のある場所であると正しく認識されている。投資目的の国々や企業は列をなし、経済発展の果実はますます、職の創出、所得増加、将来への投資、すなわち教育、保健、主要インフラ整備に使われている。ガバナンスは躍進し、投資家を奨励し、アフリカの人びとの大望を実現させている。ミレニアム宣言とそれに次ぐMDGs創設からの一一年は、植民地から脱却した後のアフリカ史上、最も希望に満ちた時代の一つである。現在、アフリカ諸国のおよそ半分が経済成長を達成し、同様に人間開発指数でも著しい進歩を見せている。しかし、アフリカ諸国は手に届く新しい未来を実現し、気の遠くなるような障害を乗り越えることにいまだ献身しなくてはならない。

一層の努力が必要なのが農業分野である。現在、サハラ以南のアフリカでは、二億四〇〇〇万人が健康を維持するために必要な食糧を欠いている状態である。アフリカは、その人口に十分な食糧を供給できない唯一の大陸である。平均的に、アフリカで生産される穀物は、他の開発途上地域の四分の一であり、これまでの三〇年間、ほとんど生産増を見ていない。同時に、国民一人当たりの食糧生産と農業労働の生産性も驚くほど低いままである。これはアフリカの農業従事者の尽力が足りないからではなく、彼らの働きを支える知識、資源、そしてインフラに欠陥があるからである。アフリカ独自の「グリーン革命」は、食糧安全保障のみならず、アフリカが抱える他の多くの試練にも、肯定的な影響を与えるであろう。たとえば、これは貧困削減、より広範囲の経済社会発展の促進、保健および教育分野での改善、すでに人口密度の高いアフリカの都市部への人口流入の歯止め、女性の影響力の拡大、ビジネスチャンスの増大などにつながる。

しかし、アフリカ経済を停滞させてきた二大要因であるインフラとエネルギー資源の分配に、焦点を当てる必要もある。さらに、経済成長と雇用、特に若者の雇用はセットとして考えるべきである。経済成長と若者の雇用がつながらなければ、将来的に、成長のメリットはほとんどない。そして、アフリカの明るい未来には、すべての分野での男女の平等な参加が必要だ。力を持ち、成功したアフリカは才能とすべての資源の公正な動員を必要とする。アフリカには、力を持ち、成功した女性が不可欠である。

アフリカに必要なのはアフリカの人びとであるが、非アフリカ人も重要なサポートの役割を果たす。彼らはある時は平和維持に必要であり、またある時は介入、予防措置、仲介、アフリカの諸組織のルール形成に必要とされている。しかし、われわれが求めるのは、平和で繁栄し、すべてのアフリカ人の希望にこたえられるアフリカである。

二〇一〇年八月二七日、ケニアの新憲法公布において、私たちは、ウフル公園で国民投票の結果に歓喜する何千という人たちに加わった。それは、まるで、老成した知恵を持って若いころに戻るかのようであった。私たちは、独立時にとるべきであった道をとうとう選択したのだ。ケニア人は平和裏に新たな道を選んだ。そして、彼らはアフリカの先鞭となっている。

群衆が新しいケニア憲法を祝っているなか、私は思いがけない人を見かけた。国際刑事裁判所に直前に訴追されていた、スーダンのオマル・アル゠バシール大統領だ。ケニア政府に招待されていたのだろうか。信じられないことに、彼は来賓だった。バシールがこの進歩的な集まりにこそこそと参加しているのは、アフリカが今日抱える危険を示唆していた。アフリカのために、アフリカ人が大きな一歩をふみだした。しかし、自己満足はあり得ない。いまだ、多くの課題は山積したままだ。ここから後退することは常にあり得るのだ。私はバシールを見ながらそう思った。

アフリカ人には、まだまだすることが沢山ある。

白戸 純
早稲田大学政治経済学部政治学科卒業．オランダライデン大学国際公法修士課程修了．1998年より，国連難民高等弁務官事務所で保護・法務担当として，トルコ，旧ユーゴ，ロシア，スーダン，シリア等に勤務．

介入のとき コフィ・アナン回顧録 上
コフィ・アナン，ネイダー・ムザヴィザドゥ

2016年11月25日 第1刷発行

訳 者 白《しら》戸《と》 純《じゅん》

発行者 岡本 厚

発行所 株式会社 岩波書店
〒101-8002 東京都千代田区一ツ橋2-5-5
電話案内 03-5210-4000
http://www.iwanami.co.jp/

印刷・法令印刷 カバー・半七印刷 製本・松岳社

ISBN 978-4-00-061161-9 Printed in Japan